Guía
de la
buena bruja

**UNA WICCAPEDIA MODERNA
DE INGREDIENTES MÁGICOS
Y ENCANTAMIENTOS**

Shawn Robbins y Charity Bedell

EDICIONES OBELISCO

Si este libro le ha interesado y desea que le mantengamos informado de nuestras publicaciones, escríbanos indicándonos qué temas son de su interés (Astrología, Autoayuda, Psicología, Artes Marciales, Naturismo, Espiritualidad, Tradición…) y gustosamente le complaceremos.

Puede consultar nuestro catálogo en www.edicionesobelisco.com

Colección Magia y Ocultismo
Guía de la buena bruja
Shawn Robbins y Charity Bedell

1.ª edición: septiembre de 2021

Título original: *The Good Witch's Guide*

Traducción: *Pilar Guerrero*
Corrección: *TsEdi, Teleservicios Editoriales, S. L.*
Maquetación: *Isabel Estrada*

© 2017, Shawn Robbins & Charity Bedell
Publicado en Estados Unidos en 2017 por Sterling Publishing Co., Inc..
Derechos para la publicación de la presente edición negociados a través de Ute Körner Lit. Ag.
www.uklitag.com
(Reservados todos los derechos)
© 2021, Ediciones Obelisco, S.L.
(Reservados los derechos para la presente edición)

Edita: Ediciones Obelisco, S.L.
Collita, 23-25. Pol. Ind. Molí de la Bastida
08191 Rubí - Barcelona - España
Tel. 93 309 85 25
E-mail: info@edicionesobelisco.com

ISBN: 978-84-9111-686-8
Depósito Legal: B-2.542-2021

Printed in India

Dedicado a Leanna Greenaway y Charity Bedell,
el viento bajo mis alas.

—*Shawn Robbins*

En primer lugar, este libro está dedicado a nuestros ancestros.
Aquellos que ya se han ido y que ahora son parte de la tierra
en que vivimos. Entre ellos está mi abuela, Francis Caouette.
En segundo lugar, está dedicado a los maestros que vieron
algo especial en mí: Sra. Spencer, Sr. Dudley,
Sr. Lawson (descansa en paz) y Sr. Robinson.
Ellos confiaron en mí y me animaron a desarrollar
mis habilidades y talentos como escritora.
Todos creían que algún día alguien me publicaría.

—*Charity Bedell*

Índice

Primera parte

LA ANTIGUA SABIDURÍA DE LAS BRUJAS, RITUALES Y FÓRMULAS

Segunda parte

HECHIZOS DE ESPÍRITU Y ESPIRITUALIDAD

Tercera parte

CREA TU PROPIA MAGIA PERSONAL

Apéndice

Acerca de las autoras

SHAWN ROBBINS

Mi nombre es Shawn Robbins, y soy escritora, investigadora psíquica y paranormal. El viaje que me llevó a explorar lo inexplicable, lo extraño y lo desconocido y que me llevó al mundo de la medicina, la magia y los milagros empezó cuando era una niña y me criaba en Queens, Nueva York.

Mis abuelos eran inmigrantes de Rusia y Hungría. Llegaron a Estados Unidos sin un céntimo, pero trajeron con ellos, en su arduo y largo viaje en barco a América, algo mucho más valioso que el dinero: botellas llenas de hierbas secas, aceites y medicamentos naturales para curar enfermedades. En el pueblo de Old Country donde vivían mis abuelos, rodeados por densos bosques hasta donde alcanza la vista, no tenían acceso a médicos cuando se ponían enfermos. El médico más cercano estaba literalmente a cientos de kilómetros de distancia. Así que tuvieron que confiar en el curandero local, llamado «el curandero» por los aldeanos, cuyo conocimiento de plantas y hierbas medicinales era su única forma de curación.

Tras su llegada a Estados Unidos, esas mismas botellas de medicamentos naturales, hierbas secas y aceites se convertirían en un salvavidas para mi madre y para mí también. Los abuelos llegaron en 1916, cuando la gran epidemia de polio estaba en todo su apogeo en la ciudad de Nueva York. Más de seis mil estadounidenses murieron a causa de la temida e incurable enfermedad. Cuando mi madre nació, unos años más tarde, se vio afectada por esta horrible enfermedad. La abuela no tenía dinero para buscar ayuda médica, pero tenía un excelente conocimiento práctico de la medicina natural. Hizo caldos e infusiones para ayudar a mamá a recuperarse. Muchos meses después, mi madre sanó, aunque le quedó un ligero temblor en el brazo.

La siguiente epidemia de polio tuvo lugar en la década de 1950, y un joven médico llamado Jonas Salk inventó la primera vacuna contra la polio. Fui de los primeros en recibir la vacuna, pero a las pocas horas enfermé de polio. El virus vivo no era lo suficientemente activo en algunos lotes de la vacuna y la que me pusieron a mí era una de ellas. Estuve hospitalizada un tiempo, pero lo que los médicos no pudieron curar, lo curó la tisana de la abuela. Me libré de la polio tras diez días bebiendo su infusión de hierbas, sin efectos duraderos de la enfermedad.

Se podría decir que estar enferma y hospitalizada provocó una epifanía que cambió mi vida, porque hasta entonces uno de mis sueños había sido convertirme en médico y ayudar a curar enfermedades raras. Sin embargo, tras recuperarme, pasé la mayor parte de mi juventud leyendo libros sobre medicina holística y remedios botánicos. Edgar Cayce, quien ha sido llamado «el padre de la medicina holística», se convirtió en una buena fuente de información sobre curación. Pero mi mayor fuente de conocimiento fue mi propia familia. Mis abuelos y mi madre me regalaron la historia y la tradición de las hierbas medicinales y me enseñaron cómo usarlas en la vida cotidiana.

A los veintitantos años conocí a dos de las personas más importantes de mi vida: Bryce Bond, un conocido sanador, y Timothy Green Beckley, fundador de la Escuela de Artes Ocultas de Nueva York. Me ayudarían a hacer realidad el sueño de mi infancia de ayudar a los enfermos. Cuando Bryce y Tim se enteraron de mi interés por la medicina holística, me presentaron a los mejores sanadores de todo el mundo. Estos reconocidos y respetados sanadores me enseñaron sobre la imposición de las manos, la cirugía psíquica, la curación magnética, la meditación y todo lo relacionado con ayudar a sanar la mente y el alma, y, posteriormente, enseñé el mismo arte de medicina holística y curación en la escuela de Tim.

Aun así, sentí que mi vida estaba incompleta. Al provenir de una familia con talento psíquico y tener mi propio don para ver el futuro y leer mentes, sabía que había más cosas por aprender y explorar. Llámalo destino o kismet: conocí al notable parapsicólogo Hans Holzer, quien me tomó bajo su protección. Él utilizó la hipnosis y la energía magnética para ayudarme a desarrollar mis poderes psíquicos todavía más. Por ejemplo, preví la máquina de resonancia magnética antes de su desarrollo en 1971 (como se señala en varios de los libros de Hans, incluido *The Prophet Speaks*).

Este libro es la culminación de todo mi conocimiento e investigación. Espero fervientemente que te inspires y te capacites para curarte a ti mismo y a los demás. El verdadero poder curativo está dentro de cada uno de nosotros. Recuerda siempre: tu cuerpo es un templo. Aliméntalo y cuídalo; a cambio, él cuidará de ti.

CHARITY BEDELL

Me llamo Charity Bedell. He estado practicando brujería durante diecisiete años. Mientras fui educada en la Iglesia Unida de Cristo, una de tantas iglesias protestantes, mi madre alentaba las discusiones sobre espíritus, ángeles e incluso me enseñó acerca de los santos. Mi padre me enseñó a respetar la naturaleza (Madre Tierra y Padre Cielo) y sobre el Gran Espíritu que lo abarca todo: la naturaleza y la humanidad. Cuando llegué a la adolescencia, empecé a preguntarme por qué la Iglesia no enseñaba sobre la Madre Tierra y el Gran Espíritu, y por qué la naturaleza no era realmente respetada.

Mi viaje a la brujería comenzó en mi decimotercer cumpleaños, cuando me regalaron Teen Witch, de Silver Ravenwolf. Cuando aprendí que hay un camino espiritual conectado a la tierra, así como a las fuerzas angelicales, a los dioses y a una multitud de númenes, supe que ése era mi mundo. Todo lo que mis padres me habían enseñado estaba de alguna forma en la brujería. Tenía una diosa (Madre Tierra) y un dios (Padre Cielo), así como una fuerza creativa (Gran Espíritu).

Viviendo actualmente en Maine, estoy rodeada de naturaleza. Mi camino utiliza una gran variedad de técnicas chamánicas, trabajo de trance, oración, meditación y ofrendas para conectarse con los espíritus de la tierra. Caminar por el bosque, en la playa o por la montaña me refresca y me ayuda a sentirme viva. Mi brujería es salvaje y libre como el desierto de Maine.

Con los años he estudiado y explorado muchos estilos diferentes de brujería y paganismo. Mi camino actual es una mezcla de paganismo germánico y brujería tradicional. El paganismo germánico (nórdico/anglosajón) proporciona un contexto para honrar a mis antepasados y a sus dioses. La brujería tradicional me permite conectarme con los espíritus de la tierra y con mis ancestros.

Actualmente, soy discípula de Valerie Walker (también conocida como Veedub) en la tradición Feri de brujería. También estudié con Christopher Penczak y me dedico a la tradición del Templo de la Brujería. He participado en talleres y eventos con muchas otras brujas, incluidas Raven Grimassi y Orion Foxwood. Estos maestros han sido maravillosos mentores que me han ayudado a crecer y desarrollarme como bruja. Creo firmemente que todos los caminos mágicos y espirituales tienen algo que enseñarme. Sigo explorando y aprendiendo nuevas rutas. En la actualidad estoy estudiando conjuros (hoodoo) con Starr Casas. Otros intereses mágicos incluyen la magia popular nórdica (trolldom), las runas, la magia de Enochian, el druidismo, la cábala, el chamanismo, la magia ceremonial y la magia egipcia (Heka).

Mi camino hacia la curación alternativa y la herboristería, como mi camino hacia la magia, está vinculado a mi juventud. Al crecer, me ocupé de mi trastorno por déficit de atención (TDAH), así como a los problemas digestivos, la depresión y la ansiedad social. Mi madre estaba muy interesada en las prácticas holísticas de salud y, con su orientación, tratamos los problemas con suplementos herbales y dietas. Cuando estaba resfriada, tomaba un suplemento de equinácea para estimular mi sistema inmunológico antes que tomar ningún jarabe para la tos. Si tenía malestar estomacal, tomaba tisanas a la menta.

Mi madre me cambió la dieta y me dio suplementos herbales, mientras yo exploraba opciones mágicas para tratar mi depresión y ansiedad. A través de la brujería, aprendí la habilidad para la lectura de auras, recuperación de almas y alineación de chakras, así como herramientas generales para contactar y comunicarme con espíritus. Usé estas habilidades para tratar mi depresión y ansiedad. Así aprendí que mi camino era ayudar a las personas a sanar las almas, las mentes y los cuerpos.

Ahora uso hierbas espiritualmente en mi praxis. Mi camino hacia ser una herborista mágica comenzó cuando supe que la mayoría de los inciensos que quemaba eran sintéticos y le provocaban dolor de cabeza y problemas respiratorios a mi novio. Con ese conocimiento, fui a una cercana tienda New Age para comprar los elementos naturales necesarios para hacer mis propios inciensos. Hoy soy una herborista mágica y espiritual. Elaboro inciensos, polvos, tinturas madre, aceites y baños rituales. Utilizo la aromaterapia espiritual y mágica para casi todas mis prácticas y trato mi propia depresión y ansiedad usando baños de hierbas e inciensos que preparo yo misma. Con ayuda de los dioses y los espíritus, he aprendido mucho. Gracias al apoyo de mi familia, en el verano de 2013 pude abrir una tienda en la que vendo mis inciensos artesanales, aceites, tinturas, baños y muchas cosas más. Mystic Echoes ha sido un sueño hecho realidad porque me permite compartir mi conocimiento herborista con el mundo.

Trabajar en este libro ha sido otro sueño hecho realidad, brindándome una nueva forma de compartir mis conocimientos sobre salud holística y herboristería. Hay mucho que aprender y explorar. Escribir este libro me ha ayudado a aprender más y desarrollarme como herborista, y espero que también te ayude a ti a aprender y crecer como alma.

Prefacio

Estamos en un viaje único para encontrar la paz interior en nuestra vida cotidiana. Para llegar a eso, algunos de nosotros tomamos un camino menos transitado, mientras que otros siguen por la senda conocida y familiar. No importa en qué camino estés porque el objetivo es recuperarse.

Nuestra meta es inspirarte, empoderarte con conocimientos que te ayudarán a alcanzar tu meta, guiarte con consejos de brujería tradicional, junto con consejos mágicos actuales, para ayudarte a aprender y crecer. Después de todo, como lector de nuestro libro, eres la persona más importante del mundo para nosotras. Eres alguien dispuesto a probar cosas nuevas, desde el uso de la medicina holística para ayudarte a sentirte mejor emocional y físicamente hasta el uso de la magia de las velas y antiguos hechizos para aumentar tu conciencia de que todo lo que deseas en la vida es posible si crees que el verdadero poder está dentro de ti.

En los siguientes capítulos, comprenderás que la fe y la magia juegan un papel integral en tu propia vida. Podemos proporcionarte las herramientas para ayudarte, pero antes de dar el primer paso para cruzar el puente hacia la sabiduría, debes preguntarte: ¿Qué estoy buscando en la vida? ¿Tener mayor poder sobre las circunstancias personales, estabilidad emocional, autoconciencia? Te acompañaremos en tu búsqueda personal y esperamos brindarte las respuestas que buscas.

Como brujas, creemos que está bien ser uno mismo y seguir su propio viaje a través del aprendizaje sin ser crítico. Ciertamente todos somos diferentes, pero al final todos nos convertimos en uno solo. Todos estamos conectados a una fuerza universal superior. Nuestro libro intenta sacar lo mejor de ti explorando diferentes aspectos de la curación holística y cómo se relaciona con el bienestar general. ¿Alguna vez has experimentado un ataque de pánico, estrés extremo, insomnio o problemas digestivos?

Cualquiera de esos problemas puede causar síntomas físicos adicionales en el cuerpo, como rigidez muscular o cefaleas tensionales. Eso no significa que los síntomas no sean reales; pueden ser manifestaciones de un problema mayor que puede solucionarse a través de la medicina alternativa junto con la sabiduría y la magia de las brujas.

Esperamos que a medida que vayas leyendo cada capítulo de nuestro libro, asimiles el conocimiento para ayudarte a convertir tus debilidades en fortalezas. Creemos que los aceites y productos botánicos, una dieta nutritiva y adecuada, hechizos, cánticos y pasar tiempo en contacto con la naturaleza ponen a cualquiera en sintonía con su ser interno y externo para brindarnos serenidad y paz. Como es arriba, así es abajo; como es adentro, así es afuera. Que todos los dioses, la Diosa Madre y los númenes te bendigan en este viaje.

101 HECHIZOS

Antes de entrar en detalles, queremos plantear los conceptos básicos y los principios clave de los encantamientos. No importa cuál sea el hechizo o cómo se realice, todos comparten un requisito en común: ¡la intencionalidad!

Si un hechizo tiene éxito, su esencia debe salir de lo más profundo del brujo, que es de donde el hechizo saca su poder. Todo lo que se necesita es una verdadera creencia en que lo que se está a punto de hacer tendrá el efecto deseado. Si tienes la más mínima duda de que no funcionará, no funcionará. Un hechizo puede funcionar sólo a medias o puede que su resultado esté distorsionado. Se cree que un encantamiento es muy similar al ordenamiento cósmico (una filosofía similar a la ley de la atracción, que defiende que el poder del pensamiento positivo puede invocar el cambio), por lo que implica confianza en uno mismo y gran cantidad de energía con poder sobre la materia. Para obtener resultados positivos, tienes que creer que tu hechizo funcionará y tener confianza en ti mismo como brujo.

Concentración mental

Al movernos y ser activos, demostramos tener energía física. Algunos tienen más vigor que otros, pero lo que nadie piensa es que además de energía física, también tenemos energía mental. No podemos ver ni tocar la energía porque es completamente invisible para el ojo humano, pero aun así, poseemos ese misterioso poder y lo usamos a diario. La energía mental es extraordinariamente potente y puede afectar a nuestras emociones y a las de quienes nos rodean. Por lo general, todos podemos percibir cuando alguien está feliz, triste o enfadado, aunque su lenguaje corporal o sus expresiones verbales no transmitan su verdadero estado de ánimo. Algunas personas creen que se puede experimentar con la energía mental mirando fijamente la nuca de alguien para ver si éste percibe que le estás mirando y se da la vuelta; o que concentrándose en alguien intensamente se pondrá en contacto de algún modo. Éstos son ejemplos de energía mental proyectada y es todo lo que se necesita para que un hechizo funcione bien. Nuestra fuerza mental es tan dinámica como la fuerza física y se transmite mediante una combinación de concentración y enfoque. Cuando se trabaja con magia, es esencial que nos centremos y quedemos completamente absortos en el resultado de lo que pretendemos lograr. Podemos mejorar nuestra energía mental y nuestro enfoque entrenándolo y fortaleciéndolo como si fuera un músculo, lo cual ayuda a aumentar el poder y el éxito de los hechizos.

No está completamente claro cómo funcionan los hechizos, pero en teoría se fundamentan en una intencionalidad poderosa, creando una «bola» de energía invisible que se envía directamente a una deidad concreta, si tienes una, o directamente al universo. Sabemos relativamente poco sobre el universo, pero sí sabemos que somos parte de un gran diseño, y todos los seres vivos en la Tierra están conectados de alguna manera a la fuerza universal. No necesitas tener una fe específica para que un hechizo funcione, pero se cree que durante un hechizo, el mensaje enviado por el brujo es recibido por un poder superior que actúa en consecuencia. Que haya que ser una bruja montada en una escoba para arrojar energía en forma de hechizo es un mito. ¡Cualquiera puede hacerlo! Algunos lo equiparan al poder de la oración.

Si estás enviando una afirmación de lo que necesitas o lo que quieres, algo o alguien vendrá en tu ayuda y lo hará posible. Sólo tienes que encontrar el camino que más te convenga y creer en el resultado positivo. Verbalizar un hechizo repetidamente ayuda a su cumplimiento y, a su vez, lo potencia cada vez que se pronuncia. Un hechizo debe ser recitado no menos de tres veces seguidas; a partir de ahí, todas las veces que se quiera.

Brujería tradicional o brujería moderna
¿QUÉ HECHIZOS SON MEJORES?

Hay miles de hechizos en circulación hoy en día. Algunos han sido probados en antiguos rituales transmitidos de generación en generación. Otros tienen un fondo más moderno. Hace años, las brujas dependían de la tradición local para obtener la información que necesitaban, o tenían que buscar viejos y maltratados libros de hechizos en librerías polvorientas para aprender algo de sabiduría wicca, pero ahora somos tan afortunados que disponemos de Internet. Con un clic del ratón podemos encontrar ingentes cantidades de conocimiento de todos los rincones y culturas del mundo. Leer mucha literatura desde todas las perspectivas es una buena idea. Tanto si prefieres acceder a las fuentes tradicionales o a la magia moderna, ambos métodos funcionan igual de bien. Simplemente tienes que encontrar lo que mejor te siente y resuene dentro de ti.

Aunque hay muchas variaciones de brujería tradicional en el mundo, las reglas suelen ser inflexibles y parece ser que los hechizos no funcionan a menos que se sigan las indicaciones con total exactitud. Para hacer un hechizo con éxito usando la magia tradicional, se debe emplear un altar en todo momento y debe orientarse en cierta dirección, dependiendo de la hora del día o de la estación del año. Los cuatro elementos (la tierra, el aire, el fuego y el agua) tienen que estar presentes en el altar, y las herramientas y las fases de la luna deben corresponderse con el hechizo en cuestión. (*Nota: En el hemisferio norte, el elemento tierra está asociado con el norte, el aire con el este, el fuego con el sur y el agua con el oeste. En*

el hemisferio sur, el aire y el agua mantienen sus direcciones, pero la tierra está al sur y el fuego al norte).

Por ejemplo, en el hemisferio norte, un cuenco de sal, el pentagrama (estrella de cinco puntas) y velas verdes se colocarán al norte del altar. Velas rojas, un athame (daga ceremonial) y aceites de unción estarán al sur. Se colocarán agua, un cáliz y velas azules al oeste, y el incienso, una campana y velas amarillas al este. El dios o la diosa correctos deben ser convocados para lograr el éxito, y las hierbas prescritas, por difíciles que sean de encontrar, son los ingredientes necesarios para que el hechizo funcione. ¡La lista de materiales potenciales es interminable! (Encontrarás una gran cantidad de información online con respecto a los detalles específicos de los hechizos, incluido el por qué y el cómo de los objetos en cada dirección).

Muchos practicantes actuales tienen un enfoque bastante más relajado de la brujería. En realidad, los wiccanos modernos han descubierto que no necesitamos todas estas reglas y límites intransigentes para hacer el hechizo perfecto. De ninguna manera estamos menospreciando a los antiguos ni su manera de hacer magia, pero la creencia actual es que un pensamiento es un ser vivo en sí mismo que nos permite alcanzar nuestros deseos sin tanta parafernalia. Es cierto que hay herramientas útiles para mejorar la magia y un maravilloso suministro de flores o cristales que pueden dar a nuestros hechizos más potencia, pero lo cierto es que podemos hacer un hechizo cómodamente en la encimera de la cocina en vez de en un altar, o si estamos en un ambiente lleno de gente, simplemente podemos recitar una frase intencionada para lograr un efecto. La conclusión es esta: muchos brujos actuales siguen empleando los viejos métodos convencionales. No hay nada malo en sentir que se necesita un ambiente ceremonial tradicional y toda una liturgia para hacer encantamientos, pero para aquellos que prefieren conducir por el carril rápido, hacer hechizos en la cocina, con pijama y pantuflas, funciona de manera similar y es igual de eficaz

CONSECUENCIAS Y GANANCIAS PERSONALES

Hay dos tipos diferentes de brujos: aquellos que trabajan con energía positiva y los que trabajan con energía negativa. Desde el punto de vista de la wicca, hay una regla general definida: aquello que envías, lo recibirás multiplicado por tres. Teniendo en cuenta dicho principio, la mayoría de brujas hacen rituales con buena intención.

Otra forma de entender este principio es que cuando realizas un ritual, la bola de energía que estás enviando al universo regresa a ti, su creador, en uno u otro momento. Si tu hechizo era positivo y bueno para los demás, tarde o temprano, de una forma u otra, recibirás lo mismo cuando regrese a ti. Pero si pretendes causar o perpetuar dolor o controlar a otra persona, el poder desagradable que has conjurado te golpeará en la cara más adelante. Puede causar una racha de mala suerte, de mala salud o algo peor. Esto se llama efecto rebote y es muy real.

Otra regla que sigue un verdadero wiccano es no interferir para cambiar el libre albedrío de otra persona. Este extremo puede causar una nube de confusión. La diferenciación entre un deseo para beneficio personal y el beneficio mayor debe considerarse delicadamente antes de hacer ningún hechizo. Es muy tentador cambiar el comportamiento de alguien que te está molestando, pero ¿es éticamente correcto?

Pongamos por caso que tu hijo adolescente está siendo muy desagradable últimamente. Es perfectamente razonable querer hacer un hechizo para que sea más amable. A fin de cuentas, si está tranquilo y deja de ser tan cabezón, todo el mundo estará más contento en casa. Si ésa es realmente tu intención, entonces tienes en mente las mejores intenciones para tu hijo y es perfectamente aceptable mandarle un hechizo. También puede ser razonable si tienes un suegro cruel o un jefe acosador. Si pretendes crear un ambiente más feliz para todos los involucrados, además de facilitarte la vida, es completamente aceptable. En estos casos estás haciendo magia por el bien común, y moralmente hablando no estás cruzando ningún límite prohibido. (Sin embargo, siempre existe la posibilidad de que no conozcas la historia completa sobre una situación concreta [*véase* el capítulo 6, página 166]; por lo tanto, este tipo de hechizos debe abordarse con cuidado y consideración adicional).

Sin embargo, imaginemos ahora que necesitas desesperadamente un ascenso en el trabajo y sabes que otro colega está más cerca de conseguirlo que tú. Lanzar un hechizo con la esperanza de hacer que tu jefe te elija a ti y no a tu colega es entrometerse en el libre albedrío del jefe y cambiar el resultado de algo que, para empezar, puede no estar en tu destino inmediato. Además, estarías forzando un cambio en el destino de la otra persona propuesta para el ascenso y tu karma podría verse seriamente afectado.

Estas reglas también están vigentes en los asuntos del corazón. Nunca deben hacerse hechizos para conseguir el amor de otra persona. Está bien lanzar un hechizo general para el amor, para permitir que el universo acelere el desarrollo de afectos en cualquier persona que esté espiritualmente destinada a ti, pero especificar una persona en particular que se nos meta entre ceja y ceja podría cambiar el curso del destino y tener consecuencias desastrosas.

Mi consejo general es mantener los pies en la tierra. Piensa con mucho cuidado antes de hacer un hechizo y asegúrate de no evocar un deseo momentáneo para tu propia gratificación personal. Tener claras las ganancias personales no es fácil, pero antes de hacer un hechizo, primero debes preguntarte si quieres lo que estás conjurando o si realmente lo necesitas. Por ejemplo, casi nadie siente que tiene suficiente dinero para vivir, por lo que uno de los primeros hechizos en los que piensa la gente es en ganar dinero, mucho dinero. Lamentablemente, este tipo de hechizos cae en la categoría de «ganancia personal». Es lícito querer más dinero, pero ¿realmente lo necesitas? ¡La respuesta a eso suele ser que no!

Los hechizos por dinero están permitidos, claro está, pero generalmente sólo suelen aportar la cantidad necesaria para pagar una factura específica, nadie se hace rico con un hechizo. Esto significa que los hechizos para ganar la lotería no funcionan porque, en realidad, no tienen sentido. La magia del dinero funciona de manera brillante cuando necesitas unos cientos de euros adicionales para pagar una factura inesperada, o para iniciar un nuevo proyecto para el que no tienes medios. Pero si quieres ganar el mayor premio o apostar por un caballo ganador ¡te vas a llevar un chasco!

También debes tener en cuenta el tema del destino y el karma. La mayoría de wiccanos creemos que todo sucede por un motivo, de manera que si estás destinado a seguir un cierto camino en la vida y ése es tu destino, nada lo va a cambiar ¡ni debería cambiarse! Por ejemplo, puedes estar decidido a encontrar un nuevo empleo y lanzar un hechizo específico para conseguir el trabajo de tus sueños. Si no funciona y no consigues dicho trabajo, lo más probable, en primer lugar, es que no debas tenerlo. Cuando miramos hacia atrás en el tiempo, nos damos cuenta de que las cosas que deseamos nos habrían llevado por un camino diferente y no estaríamos donde estamos hoy. Con los hechizos debes mantener la mente abierta y aceptar que no siempre puedes evocar exactamente lo que te apetece. Sí, puedes hacer que las cosas sucedan, y sí, puedes cambiar tu vida de una manera discreta, pero cuando ciertas cosas no pasan, es porque no tienen que ser así ¡No está previsto que así sea y punto!

Como es arriba, es abajo; como es adentro, es afuera. Que los dioses, la Diosa Madre y los númenes te bendigan en este viaje.

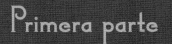
Primera parte

LA ANTIGUA SABIDURÍA DE LAS BRUJAS, RITUALES Y FÓRMULAS

Capítulo 1

Con los pies descalzos en el jardín mágico

HISTORIA Y TRADICIÓN
DE LAS HIERBAS
Y ESPECIAS MÁGICAS

El Sr. y la Sra. Pagan sabían que cuando alguien se siente enfermo quiere recuperarse. Sentían una pasión singular por curar a los miembros de su comunidad mediante remedios ancestrales y curas que les transmitieron sus antepasados a través de los siglos, y dichos principios son aún válidos en la actualidad.

Nuestros ancestros observaron las plantas que tenían en sus bosques para curar las dolencias. Tenían sus propias formas de curación. Usaron las hierbas y plantas locales que tenían a mano para tratar muchas enfermedades. El curandero o el sabio de la comunidad conocían las propiedades de las plantas curativas, qué tenían que mezclar para las fiebres, los dolores y para detener las infecciones. Algunos de estos remedios los seguimos recordando, como beber una infusión de menta o una tisana de jengibre para los problemas estomacales. Sin embargo, ¿cómo supieron los primeros ancestros sobre la naturaleza curativa de las plantas y qué hierbas usar para dolencias específicas?

Observando a los animales y a los propios congéneres comer ciertas hierbas y fijándose en lo que sucedía después, como al comer hiedra venenosa, los antiguos herboristas pudieron aprender qué plantas eran buenas, cuáles eran malas y qué problemas curaban o producían. Con el tiempo desarrollaron una gran base de conocimiento sobre plantas para usarlas en situaciones diversas. Dicho conocimiento se aplicó al trabajo curativo mágico y físico. Para el mundo antiguo, en realidad no había separación entre mente, cuerpo y espíritu. Estaba todo conectado. Lo que afectaba a un aspecto de la vida (por ejemplo, no tener una buena cosecha) podía afectar a la salud mental, a la física y al bienestar anímico. Por lo tanto, los períodos de prosperidad y éxito colmaban todos los aspectos de la necesidad.

El hecho de que las culturas antiguas dependieran tanto de la comprensión de los ciclos naturales permitió a los herboristas observar y desarrollar su oficio. Observando la naturaleza podían ver cuándo era mejor plantar y cuándo era mejor cosechar. Sabían qué plantas funcionaban mejor frescas y cuáles eran más eficaces secas. Los herboristas conocían las plantas propias de su área. Actualmente la tradición herborista está reviviendo gracias personas que miran a la naturaleza para abordar problemas de salud y bienestar.

LA DOCTRINA DE LAS SINTONÍAS

Los herboristas mágicos y espirituales suelen basarse en un principio llamado doctrina de las sintonías, que se remonta a la medicina popular medieval y sostiene, esencialmente, que lo similar afecta a lo similar; algo que tiene la apariencia de una cosa en particular puede curar esa cosa en particular. Por ejemplo, la planta que tiene flores que recuerdan a un ojo se empleaba para tratar problemas relacionados con la vista. En magia se usan estas flores en rituales relacionados con la visión psíquica o para mejorar las habilidades mentales.

La medicina herbal temprana se basaba en gran medida en la doctrina de las sintonías. En los primeros días del cristianismo se decía que «Dios la hizo para que supiéramos para qué servía cada planta». Este conocimiento se transmitía frecuentemente de maestros a aprendices y de padres a hijos. La mayoría de las prácticas a base de hierbas, tanto en la Antigüedad como en la Edad Media, se transmitía oralmente porque, por lo general, la gente era analfabeta. La capacitación incluía cosechar hierbas, prepararlas y administrarlas, y fue así cómo los herboristas aprendieron mediante la aplicación práctica y la experiencia. Muchos elementos utilizados por los herboristas medievales se siguen utilizando en la herbolaria medicinal y mágica de hoy en día. La eufrasia todavía se usa para dolencias oculares y algunos herboristas la emplean también para tratar problemas pulmonares.

Algunos tratamientos modernos se basan en esencias florales, como el de las flores de Bach, desarrollado por el médico británico Edward Bach en la década de 1930. Bach se centró en los aspectos vibratorios y energéticos de las plantas y las flores más que en su aspecto, y los resultados pueden llegar a ser igual de buenos.

UNAS PALABRAS SOBRE SEGURIDAD

Antes de hablar sobre cómo practicar la medicina herbal y trabajar con medicinas alternativas, es importante pensar en la seguridad. Hay muchas hierbas contraindicadas con algunos medicamentos alopáticos. El hipérico, por ejemplo, es conocido por ser un excelente suplemento herbal para tratar la depresión; sin embargo, también se sabe que contrarresta los efectos de diferentes formas de control de la natalidad. Debido a que algunas hierbas pueden causar efectos adversos graves en ciertas afecciones médicas, cuando se toman combinadas con ciertos medicamentos, o bien en combinación con otras hierbas, o si se toman antes o después de una cirugía, es de vital importancia saber qué se puede usar y qué no.

También es importante recordar que cuando se trata de hierbas medicinales, la Agencia Española de Medicamentos y Productos Sanitarios (AEMPS) los considera suplementos dietéticos «no destinados a tratar, diagnosticar, prevenir o curar enfermedades». Además, la ley no requiere que se demuestre que los suplementos dietéticos son seguros antes de que se comercialicen. (Véase www.aemps.gob.es para obtener más información). Sin embargo, esto no debería impedir que se usen medicamentos alternativos o suplementos herbales. Pueden ser maravillosas herramientas de curación y excelentes complementos para una vida saludable. Primero hay que consultar con el médico, hacer un poco de investigación y preguntar a un herborista cualificado o a un médico naturópata.

Dicho todo esto, hay muchas maneras de usar remedios caseros. Hacer ungüentos, tisanas y tinturas son excelentes puntos de partida. Basta recordar que si se experimenta algún efecto adverso, debe suspenderse inmediatamente el tratamientos y buscar la ayuda de un profesional cualificado.

EL CAMINO ABIERTO

El planeta en que vivimos está lleno de plantas medicinales, ya sea en tu jardín, en tu patio o en la naturaleza. Aprender a trabajar con las plantas y hierbas en tu propio espacio puede ayudarte a vivir una vida más sana y estar más conectado con el mundo que te rodea.

La combinación de herboristería mágica y medicinal es un camino muy práctico. Hay muchas cosas que una persona puede hacer con los productos que tiene en su casa. Mirando en el cajón o el estante de las especias, en la cocina o por la ventana que da a la terraza, puedes encontrar ingredientes para crear muchos remedios y hechizos distintos que es posible elaborar directamente en casa sin la necesidad de salir ni comprar costosos ingredientes.

Es importante recordar que la salud del cuerpo y la salud del alma están conectadas. Aunque mucha gente en la actualidad así lo considera, no debemos darlo por sentado, por más que históricamente haya sido aceptado. Muchos tratamientos utilizados en el pasado trataban los aspectos espirituales de una enfermedad, así como los síntomas físicos, ya que se creía que los males podían estar causados por espíritus o demonios que se nos metían dentro.

Por ejemplo, se consideraba que algunas plantas como el ajo y la cebolla eran potencialmente exorcizantes, además de tener propiedades curativas.

Las brujas creen decididamente en esta conexión entre la mente y el cuerpo, y usarán la magia y los rituales para lidiar con los aspectos mentales y espirituales de la atención médica. Parte del trabajo de curación que realiza una bruja será en forma de rituales, mientras que otros aspectos involucrarán suplementos herbales, infusiones y decocciones. Se ha demostrado que el poder y las asociaciones de la mente influyen en la salud y el bienestar del cuerpo físico. Cuando algo afecta a la mente, el cuerpo y el espíritu también se ven afectados. Algunas dolencias como la depresión y la ansiedad hacen más daño a la mente y al espíritu que al cuerpo, pero las tres están conectadas.

REMEDIOS POPULARES COMUNES

Y ahora, ¿por dónde empezamos? Comencemos mirando lo que el folclore y la cultura popular nos enseñan sobre los remedios de nuestros ancestros. Hace mucho tiempo, la gente no iba a la farmacia o al supermercado del barrio para comprar medicamentos cuando se ponían malos. Debían confiar en los remedios que podían hacer en casa usando lo que tenían disponible en su casa o en sus alrededores. Tenían remedios para casi todo, desde dolores de cabeza y de estómago hasta fiebre y tos, y muchos son tratamientos simples que pueden hacerse rápida y fácilmente. No sólo son eficaces, sino que ahorran mucho dinero a la larga. Algunos de ellos se pueden usar inmediatamente después de prepararse, mientras que otros necesitan macerarse durante la noche en la nevera o en un recipiente. Un ingrediente utilizado a menudo en los remedios caseros que tiene un enorme potencial curativo es la miel. Hay buenas razones por las cuales la miel se incluye en numerosos jarabes para la tos, pastillas para la tos y caramelos para la garganta. La miel cruda tiene propiedades antibióticas naturales que ayudan a matar las bacterias dañinas. Es un edulcorante natural y una cucharada alivia el dolor de garganta. La miel ayuda a prevenir la tos y la laringitis. Cubre la garganta con una capa que previene la irritación, lo que ayuda a hablar y respirar mejor.

El vinagre de manzana es otro gran ingrediente. Si haces una comida rica en carbohidratos o almidón y tomas un poco de vinagre mientras comes, éste alimentará las bacterias buenas del intestino, ayudando a la digestión, evitando el estreñimiento y estimulando el sistema inmunológico. El vinagre de manzana es muy ácido, por lo que no debe tomarse directamente, ya que podría dañar el esmalte de los dientes y el esófago. Toma una cucharada diluida en un vasito de agua según sea necesario. (Consulta con tu médico antes de usarlo regularmente, en especial si tienes diabetes).

ENCANTAMIENTO POPULAR ANGLOSAJÓN

El conjuro de las nueve hierbas de Woden (del códice Lacnunga, una colección de textos anglosajones recopilados alrededor del siglo XI) es un poderoso conjuro/hechizo anglosajón en forma de poema. Originalmente pagano, con el tiempo llegó a mezclar elementos cristianos y paganos, posiblemente por la intervención de algún monje cristiano que lo conservó para la posteridad. Este conjuro o hechizo, con nueve hierbas sagradas y especiales, sirve para curar las infecciones y como antídoto para el veneno:

Recuerda, Artemisa, lo que revelaste,
lo que estableciste en la Gran Proclamación.
«Una» eres llamada, la más antigua de las hierbas.
Tienes poder contra tres y contra treinta,
tienes poder contra el veneno y contra la plaga,
tienes poder contra el enemigo repugnante que vaga por la tierra.

Y tú, Pan del camino,[1] madre de las hierbas,
abierta desde el este, poderosa por dentro.
Sobre ti crujieron los carros, sobre ti cabalgaron reinas,
sobre ti gritaban las novias, sobre ti resoplaban los toros.
Los resististe a todos, te lanzaste contra ellos.
También puedes resistir al veneno y a la infección
y al repugnante enemigo que deambula por la tierra.

Cardamine hirsuta[2] es esta hierba llamada, sobre una roca ha crecido;
se levanta contra el veneno, se enfrenta victoriosa al dolor.
Ortiga es llamada ésta, ataca al veneno, expulsa al hostil, arroja veneno.
Ésta es la hierba que luchó contra la serpiente,
tiene poder contra el veneno, tiene poder contra la infección,
tiene poder contra el repugnante enemigo que vaga por la tierra.

Haz que vuelen ahora, Betónica,[3] los más grandes venenos,
aunque tú eres la menor, eres la más poderosa.
Lidias con los venenos menores, hasta que se cure de ambos.

---

1. Plántago.
2. Berro.
3. Betónica (?).

Recuerda, Manzanilla, lo que revelaste, /
lo que lograste en Alorford; /
que por una infección, nunca un hombre debería perder la vida despúes de haber
preparado comida con manzanilla.

Esta planta es llamada Wergulu.[4] / Un sello la envió a través de la búsqueda,
una irritación para el veneno, / una ayuda para los demás. / Se enfrenta al dolor,
se lanza contra el veneno, / tiene poder contra tres y contra treinta, / contra la
mano de un demonio y contra objetos poderosos, / contra el hechizo de criaturas
maléficas. / Allí la Manzana lo logró contra el veneno, / logró que ella (la
serpiente repugnante) nunca habitase en la casa.
Tomillo e Hinojo, dos muy poderosos. / Fueron creados por el sabio Señor, /
santo en el cielo mientras estaba colgado. / Los puso y los envió a los siete
mundos, / a miserables y afortunados, como ayuda para todos.

Estas nueve tienen poder contra nueve venenos.
Un gusano llegó arrastrándose, sin matar nada.
Para Woden cogió nueve ramitas de gloria,
golpeó a la víbora y se separó en nueve partes.
Ahora estas nueve hierbas tienen poder contra nueve espíritus malignos,
contra nueve venenos y contra nueve infecciones:
contra el veneno rojo, contra el veneno repugnante,
contra el veneno blanco, contra el veneno purpura,
contra el veneno amarillo, contra el veneno verde,
contra el veneno negro, contra el veneno azul,
contra el veneno marrón, contra el veneno carmesí.

---

4.   Manzano silvestre.

Contra el mal del gusano, / contra el mal de agua, / contra el mal de espina, / contra el mal de cardo, / contra el mal de hielo, / contra el mal de veneno. Contra la nocividad del aire, / contra la nocividad del suelo, / contra la nocividad del mar.

Si algún veneno viene volando sobre la gente desde el este, / o si viene del norte, o si viene del sur, / o cualquiera del oeste, / Cristo[5] se planta ante todos los males.
Sólo yo conozco una corriente que fluye, / y que las nueve serpientes se cuiden de ella.

Que todas las malas hierbas broten de sus raíces, / que los mares se separen, toda el agua salada, / cuando yo te mande este veneno.

Artemisa y plántago desde el este, berro, ortiga, betónica, manzanilla, manzano, tomillo, hinojo y jabón antiguo: machaca las hierbas hasta convertirlas en polvo, mézclalas con el jabón y el zumo de la manzana. / Luego prepara una pasta con agua y cenizas, hierve el hinojo con la pasta y mezcla con un huevo batido para aplicarlo en ungüento, tanto antes como después.

Recita este conjuro tres veces para cada una de las hierbas antes de prepararlas, y también para la manzana. Y recita el mismo conjuro cerca de la boca del hombre y en ambas orejas, así como en la herida, antes de aplicar el ungüento.

---

5.   Debía poner Woden (Odín).

El conjuro de las nueve hierbas es un hechizo muy eficaz de la tradición nórdica que enumera nueve hierbas imprescindibles para la curación. El conjuro mismo ofrece las instrucciones para realizarlo. Algunas de las hierbas pueden haber cambiado con los años, ya que los nombres populares de las hierbas pueden fluctuar con el tiempo, aunque la eficacia de este conjuro no ha disminuido en absoluto incluso en caso de que haya alguna otra planta.

Así que aquí tenemos las nueve hierbas curativas:

ARTEMISA *(Artemisia vulgaris)*

PLÁNTAGO *(Plantago major)*
{Llamado «pan del camino» en el conjuro original}.

BERRO DE AGUA *(Nasturtium officinale)*
{Llamado «Stune» en el conjuro; tengamos en cuenta que algunas traducciones del anglosajón son dudosas, pudiendo referirse al berro amargo peludo *(Cardamine hirsuta)*}.

ORTIGA *(Urtica dioica)*

BETÓNICA *(Betonica officinalis)*
{Llamada «Venom-loather» en el conjuro}.

MANZANILLA *(Chamaemelum nobile)*

MANZANO SILVESTRE *(Malus sylvestris)*
{Llamada «Wergulu» en el conjuro}.

TOMILLO *(Anthriscus cerefolium)*
{En algunas versiones del conjuro, el tomillo silvestre *(Thymus serpyllum)* se sustituye por perifollo}.

HINOJO *(Foeniculum vulgar)*

Es importante recordar que históricamente la mayoría de las hierbas y plantas eran recolectadas en plena naturaleza por el herborista local. En aquel entonces, las opciones típicas para ingredientes curativos eran lo que se podía cultivar, cazar o recolectar en las inmediaciones. Muchas de las plantas de este conjuro se consideran malas hierbas hoy en día (como la artemisa o el plántago) y, por lo tanto, se suelen recolectar en su forma silvestre.

Ahora echemos un vistazo a las propiedades curativas de estas nueve hierbas de forma individual. Nos servirá como punto de partida para trabajar con hierbas útiles para la salud en la vida cotidiana. Una vez que las domines, la curación con hierbas y alternativas naturales puede ser una forma fácil y divertida de controlar tu propia salud y curación.

Artemisa (*Artemisa vulgaris*)

La artemisa es la primera hierba mencionada en el conjuro de las nueve hierbas. Podemos ver que la artemisa es una de las plantas curativas más antiguas conocidas por los sajones. La frase «contra el contagio» significa que la hierba funciona bien contra las fiebres y las enfermedades. «Poder contra el enemigo repugnante» se refiere a que la hierba tiene propiedades protectoras contra la enfermedad.

Un ejemplo de la tradición de la artemisa aparece en la necesidad de recogerla en la víspera de San Juan (23 de junio) y hacerse una corona con las ramitas. Se decía que usar una corona de artemisa en ese día protegería al usuario contra enfermedades, sufrimientos y desgracias, así como contra la posesión del mal. Evita la artemisa durante el embarazo y la lactancia.

Plántago (*Plantago major*)

El segundo verso del conjuro introduce la planta «Wegbrade», que ha sido identificada como plántago. Ésta es una planta muy abundante. El conjuro ilustra en detalle cómo esta planta puede sobrevivir a abusos de todo tipo. El plántago tiene propiedades antibióticas naturales, referidas en el conjuro como la capacidad para resistir el veneno y la infección. Estas propiedades antibióticas son la razón por la cual el plántago se encuentra comúnmente en pomadas y ungüentos naturales que se usan para tratar heridas abiertas.

Si bien esta hierba no se usa comúnmente en magia, tiene potencial mágico. Funciona bien para invocar tu propia fuerza interior. Se puede usar en hechizos de curación para prevenir enfermedades. Si se usa para ayudar a alguien que ya está enfermo, puede aumentar la fuerza de la persona para combatir la enfermedad.

Berro (*Nasturtium officinale*)

La siguiente hierba mencionada en el conjuro es «Stune» o berro. El conjuro señala que «se levanta contra el veneno, corre contra el dolor». Vemos que los anglosajones lo entendían como una antitoxina y un analgésico. Hay muchos nutrientes en esta hierba y se usaba comúnmente en tónicos. Además, se dice que esta hierba tiene propiedades que pueden ayudar con el cuidado de la piel, como cuando el zumo se aplica tópicamente.

Cuando se trata de magia, esta hierba está relacionada con el elemento agua. La tradición indica que se usó para proteger a las personas que viajaban por el agua y se llevaba en bolsas rojas de franela. Tradicionalmente también se usaba como una hierba visionaria o psíquica.

El berro debe evitarse durante el embarazo, ya que puede causar abortos involuntarios. Tampoco se considera seguro para su uso en niños pequeños.

Finalmente, esta hierba no debe usarse con ciertos medicamentos, específicamente anticoagulantes. Así que si estás tomando anticoagulantes, amamantando, embarazada o planeas quedarte embarazada, debes hablar con el médico para buscar otra alternativa a base de hierbas.

Ortiga (*Urtica dioica*)

Ésta es una hierba común a la que la gente teme porque sus hojas son urticantes y provocan ardor y escozor. Sin embargo, en el conjuro la hierba es vista como una herramienta poderosa contra el veneno y la infección. Las infecciones han sido una amenaza grave y una de las principales causas de muerte a lo largo de la historia, por lo que fue y sigue siendo importante conocer las plantas que deben usarse para combatirlas y mantener el cuerpo libre de enfermedad. Combatir una infección implica aumentar el sistema inmunitario y la ortiga hace exactamente eso (*véase* página 214). Aquí tenemos un conjuro popular para curar la fiebre usando ortigas:

> Tira de la ortiga por las raíces y recita el nombre de quien tiene fiebre y los nombres de sus padres.

La ortiga, como muchas otras hierbas polifacéticas, se puede usar en gran variedad de conjuros. El conjuro de las nueve hierbas nos proporciona tres usos claros de las plantas en el trabajo mágico y espiritual. Éstos son protección, curación y exorcismo (disipación de fuerzas), siendo los hechizos de protección uno de los mejores usos de la ortiga.

Evita la ortiga durante el embarazo y la lactancia. Si padeces diabetes, problemas renales, presión arterial baja o tomas medicamentos anticoagulantes o estabilizadores del estado de ánimo, habla con tu médico antes de usar la ortiga.

Betónica *(Betonica officinalis)*

Una planta del conjuro realmente difícil de precisar es la «Venom-loather». Hay cierto consenso en que la hierba en cuestión es la betónica, también conocida como betónica de madera. Históricamente ha sido una planta curativa corriente. Una teoría explica que el nombre de la hierba proviene de una antigua palabra celta *bew* (cabeza) y *ton* (bueno), que significa «buena para la cabeza». Esto indica que la hierba puede ser utilizada para dolores de cabeza y migrañas. (Si estás tomando medicamentos para la presión arterial alta, consulta con el médico antes de usarla). El conjuro también describe la betónica como una hierba poderosa que puede resistir a otras hierbas, lo que la hace ideal para la protección. También puede «lidiar venenos menores, hasta que se cure de ambos», convirtiéndola en un elemento de eliminación y purificación.

Manzanilla *(Chamaemelum nobile)*

De todas las plantas enumeradas en el conjuro, ésta es la que todo el mundo conoce. Sus propiedades curativas no se han perdido en el tiempo. La manzanilla es bien conocida por su uso en la relajación y el alivio del estrés. Sus cualidades calmantes promueven el descanso, clave para recuperarse de cualquier dolencia. También se usa comúnmente para aliviar el dolor, incluyendo el de oídos y el de muelas. (Ten en cuenta que la manzanilla puede causar interacciones con algunos medicamentos y con píldoras anticonceptivas).

Mágicamente, esta hierba se usa en hechizos para dormir y para favorecer los sueños, así como en la atracción del dinero y los hechizos de amor. También se dice que la disposición soleada de la hierba puede hacer que sea útil contra maldiciones y maleficios, rompiéndolos con su poderoso y estimulante aroma.

Manzano silvestre (*Malus sylvestris*)

La siguiente estrofa del conjuro proporciona mucha información sobre las cualidades de la manzana silvestre. Un aspecto clave es su uso como hechizo para protegerse contra serpientes. Se cree que actúa «contra el dolor» y «contra el veneno». Medicinalmente se dice que el zumo de manzana es un antiséptico, descrito en el poema como si fuera una irritación venenosa. Otros usos incluyen cataplasmas de manzana hervida para tratar irritaciones oculares y como tratamiento de belleza. Sus usos mágicos y espirituales incluyen hechizos de belleza y amor. Hay motivo para el refrán «Una manzana al día mantiene al médico lejos».

Tomillo (*Thymus vulgaris*) **o quizás PERIFOLLO** (*Anthriscus cerefolium*)**, e Hinojo** (*Foeniculum vulgare*)

Las últimas plantas del conjuro se enumeran juntas: tomillo (o en algunas versiones, perifollo) e hinojo. Esta estrofa es diferente del resto del conjuro donde las hierbas se identifican individualmente, lo que sugiere que estas hierbas funcionan mejor cuando se combinan juntas. El perifollo es una hierba aromática con muchas propiedades curativas diferentes: puede actuar como laxante para ayudar en el estreñimiento y como expectorante para ayudar a aliviar la tos y los resfriados. También se usa como antiinflamatorio y analgésico suave. En lo que respecta al tomillo, hay muchas especies disponibles; nosotros nos centramos en el tomillo silvestre (*Thymus serpyllum*), ya que probablemente fue la especie utilizada durante el período anglosajón. El tomillo tiene muchas propiedades curativas útiles: es antiséptico y se usa para tratar dificultades respiratorias y abdominales, particularmente para ayudar con los problemas pulmonares y el estómago.

El hinojo, con su atractivo sabor a anís, se usa en brebajes herbales para que su sabor sea agradable. También es útil con los problemas respiratorios y es útil para las personas que ayunan, porque alivia los calambres del hambre y ayuda a estabilizar el metabolismo.

Estas tres hierbas también tienen poderosas propiedades místicas y mágicas que las convierten en excelentes aliadas. Cultivar estas hierbas en el jardín o en macetas proporcionará excelentes oportunidades para vincularse a ellas y sintonizar con sus propiedades energéticas.

El perifollo es una hierba particularmente mística. Uno de sus usos comunes es para la comunicación con el espíritu. Trabajar con perifollo te ayudará a ganar sabiduría y comprensión de tu verdadera esencia espiritual. El mejor uso de esta hierba es en los rituales que tratan sobre la muerte.

El tomillo está asociado con las hadas y la gente diminuta en general, así como con los difuntos. Algunas culturas usan tomillo para fomentar coraje y ambición. En las tradiciones griegas, se usaba para la purificación antes de cualquier trabajo mágico o espiritual.

El hinojo tiene propiedades de protección y resistencia. En algunas culturas se cree que protege contra la magia negra. Cuando se cuelga en las ventanas, se dice que protege de los espíritus malignos.

Para aquellos que sufren trastornos hemorrágicos, tengamos en cuenta que el tomillo podría retrasar la coagulación de la sangre. El perifollo y el hinojo no deben usarse durante el embarazo ni durante la lactancia.

EL PATIO CURATIVO

Las diez plantas mencionadas en las páginas precedentes son sólo el inicio del viaje hacia la curación y la práctica a base de hierbas. Si bien son un comienzo maravilloso, no todas están disponibles en cualquier parte y no todas pueden ser cultivadas en casa. Pero hay muchas otras hierbas que se pueden usar para la curación y la magia fáciles de encontrar (o cultivar) en tu propio patio, terraza o balcón. Vamos a verlas.

Diente de león (*Taraxacum officinale*)
Ésta es una hierba con la que todos deberíamos estar familiarizados: el diente de león. Se pueden usar todas las partes de la planta: las raíces, el jugo, las hojas y las flores, así que es fundamental familiarizarse con ella. Es una planta muy abundante que puede crecer en casi cualquier lugar. Hay gente que se lo come entero, asado, con las raíces y todo. Las hojas jóvenes son excelentes para hacer una ensalada y son muy nutritivas. El diente de león tiene muchos usos curativos: posee propiedades laxantes, elimina toxinas y ayuda a disminuir o eliminar totalmente el acné y los granos. También tiene algunos usos espirituales. El uso mágico más común consiste en soplar las semillas al viento y pedir un deseo. Otros usos incluyen atracción de dinero, purificación, enriquecimiento personal y espiritual, hechizos de belleza, dones psíquicos y desarrollo psíquico.

Lavanda (*Lavandula officinalis*)
La lavanda es otra hierba común que se cultiva en muchos jardines. Tiene una hermosa flor con una fragancia muy agradable y relajante. La lavanda es po-

pular por diversas razones. Tiene muchos usos para la salud, la curación y la espiritualidad, y se puede usar en incienso, aceite, comida e infusión. Pon unas gotas de aceite esencial de lavanda diluido en las sienes y en la base del cuello para aliviar el dolor de cabeza. Los aceites esenciales de la planta también se pueden usar para curar el acné o los problemas cutáneos en general, pero la propiedad curativa más común de la lavanda es el combate de la fatiga.

Espiritual y mágicamente, la lavanda se usa de muchas maneras diferentes.

Los hechizos de sueño y curación comúnmente requieren lavanda. También se usa para promover la paz y el amor. Hay historias sobre la lavanda asociada con la longevidad. Finalmente, la planta también está asociada con la protección y la limpieza.

Ten en cuenta que ciertos sedantes y antidepresivos pueden interactuar con la lavanda y causar somnolencia; habla con el médico antes de usar lavanda si tomas alguno de estos medicamentos.

Abedul blanco *(Betula pendula)*

Este árbol tiene muchos usos en las tradiciones nativas americanas. La forma primaria de curación del abedul blanco es antiséptica y está asociada con la purificación y el exorcismo.

La runa B en el alfabeto rúnico anglosajón, llamada *berkana*, significa «abedul» y se relaciona con la Diosa Madre o la Madre Tierra y con los ciclos de muerte y renacimiento. Aquí es donde entra en juego la asociación del árbol con los difuntos y el inframundo. El abedul que crece en el norte de Europa es el árbol sagrado de muchos dioses y diosas en las tradiciones germánicas. Es también uno de los primeros árboles en producir hojas en primavera. En las regiones celtas, el 1 de mayo o Beltane, los celebrantes bailaban alrededor de abedules en honor a las diosas de la fertilidad. Cuando las parejas recibían un recién nacido, la placenta se colocaba bajo un abedul como ofrenda. Una de las muchas deidades asociadas con el abedul en las tradiciones nórdicas es Frigg, la esposa de Odin. Las ramitas de abedul se usaban tradicionalmente para hacer las escobas de las brujas y muchas cunas estaban hechas de corteza de abedul para proteger a los bebés, trayendo la protección de la diosa al hogar. Freya, la diosa nórdica cuyos atributos incluyen el amor y la fertilidad, también está simbolizada por el abedul. Los jóvenes enamorados a menudo colocaban ramitas verdes de abedul alrededor de la casa de las chicas que intentaban cortejar.

También tenemos a Thor, el dios del trueno, el rayo, la fuerza y la virilidad. Los granjeros purificaban y protegían sus rebaños golpeando suavemente a sus animales con ramas de abedul cuando iban a pastar después del invierno. Se creía que si alguien encontraba una ramita de abedul golpeada por un rayo y se la llevaba a casa, entonces Thor mismo protegería el hogar.

Puedes utilizar los aspectos curativos y protectores del abedul para hacer rituales orientados a desterrar cosas malas y eliminar enfermedades.

Pino *(Pinus)*

El pino es otro árbol común. Como muchas otras plantas, el pino tiene diferentes usos según la especie. El pino blanco es un gran expectorante, lo que lo hace útil en la temporada de tos y resfriados. Una de las mejores formas de usarlo es beber una infusión de agujas de pino blanco para expulsar flema cuando se tiene congestión en el pecho por un catarro. El alerce, que es común en Europa central, también se considera un expectorante ideal para la bronquitis y la pulmonía.

Se dice que los pinos son los árboles sagrados del dios Neptuno/Poseidón. La savia de pino se usaba en muchos barcos para hacerlos resistentes al agua. Por eso se debió destacar el aspecto protector de la planta. Se dice que aferrarse a una piña fresca con semillas aún intactas aleja los espíritus malignos y trae fertilidad. El pino también está asociado con el dinero y el trabajo porque es una planta de hoja perenne, lo que sugiere prosperidad durante todo el año. Las asociaciones finales del pino se relacionan con la salud y la curación, la protección, la limpieza, el exorcismo, la purificación y la fertilidad.

Este capítulo ha introducido algunas hierbas tradicionales para la salud y la curación, así como un potente conjuro que se ha transmitido a través de los siglos. Muchas de estas hierbas habrían sido cultivadas específicamente por el sabio de la comunidad, o identificadas y recolectadas en la naturaleza por herboristas. La tradición y los remedios caseros pueden ser formas maravillosas de explorar el mundo que te rodea. Echa un vistazo a las plantas que cultivas en tu jardín o que encuentras en el bosque. Muchas plantas tienen propiedades medicinales que puedes aprender.

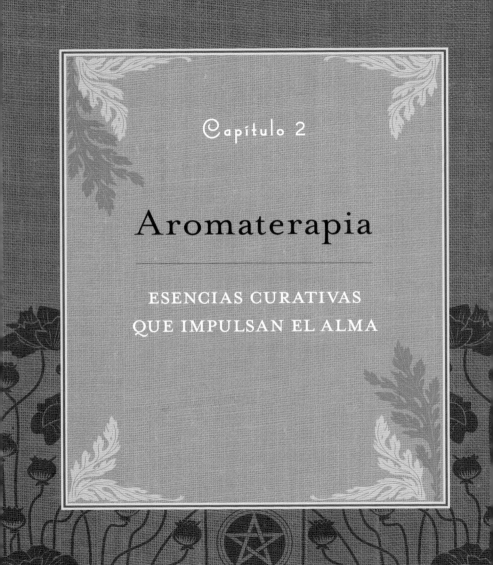

Capítulo 2

Aromaterapia

ESENCIAS CURATIVAS
QUE IMPULSAN EL ALMA

Podría decirse que el sentido del olfato es el sentido más subestimado que tenemos, pero en realidad puede ser uno de nuestros aliados curativos más poderosos. Los aromas pueden desencadenar recuerdos agradables, desde el olor de galletas en el horno hasta el perfume de un ser querido, pasando por la fragancia de una flor, así como recuerdos desagradables. La aromaterapia es el arte que utiliza el poder del aroma para sanar el cuerpo, la mente y el espíritu.

TODO TIENE SENTIDO

La aromaterapia y el uso de aromas en los rituales de curación, magia y espiritualidad no es algo nuevo. Los humanos siempre han disfrutado del aroma de las flores y han observado durante mucho tiempo los diferentes efectos que los olores de las plantas tienen en la mente y el cuerpo humanos. En el mundo antiguo, el uso de las hierbas aromáticas en la curación, la magia y el ritual era bien conocido. Los antiguos entendieron la conexión entre la mente y el cuerpo para la salud, la felicidad y el bienestar.

Los antiguos egipcios honraban a sus dioses usando gran variedad de inciensos y aceites, cuyas preparaciones se ritualizaban y tenían un profundo significado espiritual. Los nativos americanos usaban hierbas con fines espirituales, así como para la curación y la salud. Muchas culturas aún usan hierbas aromáticas en rituales de sanación y para honrar a los muertos, a los espíritus de la naturaleza y a lo divino. En la actualidad, la práctica de la aromaterapia se ha vuelto a generalizar, y el uso de velas aromáticas, sales de baño y popurrís se ha vuelto particularmente popular. Las tiendas naturistas tienen líneas de aceites esenciales y mezclas de hierbas. Incluso los grandes almacenes venden aceites sintéticos y velas perfumadas. La aromaterapia es accesible para todos y es una forma eficaz y sencilla de realizar cambios positivos en la salud mental, corporal y espiritual.

PERSONALIZA TU SALUD CON ACEITES ESENCIALES

La forma más sencilla de trabajar en aromaterapia es mediante el uso individual de aceites esenciales. Los aceites son únicos y muchos de ellos tienen múltiples usos. Al conocer los diferentes usos de cada aceite, puedes enfocar el trabajo en los aceites que tienen mejores efectos para tu salud. Al trabajar con aceites de forma individual, descubrirás que algunos son demasiado fuertes para ti y otros incluso pueden producir una reacción adversa.

Aceites esenciales para la salud y el bienestar

Hay cientos de aceites esenciales en el mercado. No todos ellos tienen aromas necesariamente agradables y no todos son eficaces en la piel. La siguiente lista proporciona varios aceites esenciales comunes y los beneficios que ofrecen.

ALBAHACA Calma, alivia el dolor y la fatiga, mejora la claridad mental y purifica el cuerpo.

ÁRBOL DE TÉ Alivia el dolor, desinfecta naturalmente, ayuda a curar la piel. Su vapor ayuda a la respiración.

BAYAS DE ENEBRO Alivia el dolor, revitaliza, mejora la claridad mental y la memoria, antiinflamatorio, repele insectos, alivia las picaduras de insectos y elimina la congestión.

CANELA Alivia el dolor, levanta el ánimo, alivia la fatiga, desinfecta naturalmente, mejora la digestión y aumenta el apetito.

CARDAMOMO Alivia el dolor, mejora el estado de ánimo, mejora la digestión, mejora la claridad mental y la memoria.

CATNIP *(hierba gatera)* Antidiarreica, alivia la indigestión y la ansiedad y mejora el estado de ánimo.

CILANTRO Alivia el dolor y la fatiga, mejora de la digestión, la claridad mental y la memoria.

CITRONELA Calma, equilibra el sistema nervioso, mejora el estado de ánimo, antiinflamatorio, los vapores ayudan a la respiración, mejora la digestión, desinfecta naturalmente, repele insectos.

CLAVO Alivia el dolor, mejora el estado de ánimo, la claridad mental y la digestión, desinfecta naturalmente.

EUCALIPTO Para la congestión, alivia el dolor, desinfecta naturalmente, sus vapores ayudan a la respiración.

GERANIO Alivia el estrés y la tensión, mejora el estado de ánimo, es antiinflamatorio y alivia el picor de la piel.

HIERBABUENA Alivia el dolor y la fatiga, levanta el ánimo, elimina la congestión, antinflamatoria, los vapores ayudan en la respiración, mejora la digestión, el apetito, la claridad mental y la memoria, alivia el picor de la piel.

INCIENSO Antiinflamatorio, antiséptico, astringente, diurético, mejora la digestión, expectorante y sedante.

JENGIBRE Alivia el dolor, levanta el ánimo, alivia la fatiga, mejora la digestión y aumenta el apetito.

LIMA Alivia la fatiga, mejora el estado de ánimo, desinfecta naturalmente, mejora la claridad mental y la memoria.

LIMÓN Equilibra el sistema nervioso, mejora el estado de ánimo, alivia la fatiga, mejora la claridad mental y la memoria, desinfecta naturalmente.

MANDARINA Reduce el estrés y la tensión, calma, levanta el ánimo.

MANZANILLA Reduce la ansiedad, promueve un sueño reparador y la relajación, alivia el dolor.

MELISA Alivia la ansiedad y el estrés, promueve un sueño reparador.

MENTA Alivia el dolor y la fatiga, levanta el ánimo, elimina la congestión, antinflamatoria, sus vapores ayudan con la respiración, mejora la digestión, la claridad mental y la memoria, aumenta el apetito, alivia el picor en la piel.

MIRRA Útil en la meditación, levanta el ánimo, antinflamatoria, ayuda a curar la piel.

NARANJO AMARGO (*de hojas y ramitas*) Reduce la ansiedad y el estrés, promueve un sueño reparador, mejora el estado de ánimo, la claridad mental y la memoria.

NEROLI Y FLOR DE AZAHAR (*ambas provienen de las flores del naranjo amargo*) Eliminan la tensión nerviosa, promueven un sueño reparador.

NUEZ MOSCADA Relaja los músculos tensos, alivia el dolor, mejora la digestión.

PALMAROSA (*un tipo de citronela*) Relaja los músculos tensos, alivia el dolor, levanta el ánimo, ayuda a regenerar la piel, antinflamatoria.

PIMIENTA DE JAMAICA Reduce el estrés, calma, relaja los músculos tensos, levanta el ánimo, mejora la digestión y desinfecta naturalmente.

PINO Disminuye el dolor, mejora el estado de ánimo, alivia la fatiga, elimina la congestión, desinfecta naturalmente, mejora la claridad mental y la memoria.

ROMERO Alivia el dolor, la fatiga y la digestión, mejora la claridad mental y la memoria, estimula los nervios, los vapores ayudan con la respiración, desinfecta naturalmente, repele insectos.

ROSA Alivia el dolor, mejora el estado de ánimo, es antiinflamatoria y ayuda a curar la piel.

TOMILLO Relaja los músculos tensos, alivia el dolor, levanta el ánimo, elimina la congestión, antiinflamatorio, mejora la digestión, aumenta el apetito, mejora la claridad mental y la memoria, desinfecta naturalmente.

YLANG-YLANG Relaja los músculos tensos, alivia el dolor, promueve un sueño reparador, eleva el estado de ánimo, desinfecta naturalmente.

Sensatez y seguridad

Trabajar con aceites esenciales puede ser fácil, pero es muy importante comprender algunos problemas básicos de seguridad y tomar precauciones razonables y sensatas. Después de todo, no sólo buscamos mejorar la salud, sino que debemos conseguirlo con seguridad.

La preocupación más básica cuando se trabaja con aceites esenciales gira entorno a la manipulación y almacenamiento adecuados. En primer lugar, es importante diluir los aceites esenciales en un aceite portador antes de usarlos terapéuticamente. Raramente se puede aplicar de forma directa sobre la piel un aceite esencial sin diluir. Al diluir los aceites esenciales en un aceite portador, no sólo obtenemos un mayor aprovechamiento del aceite, sino que también podemos prevenir posibles irritaciones cutáneas. Los aceites portadores más comunes son el aceite de oliva, de semilla de uva, de almendra, de linaza y de semillas de sésamo.

Usa ⅛ de taza (30 ml) de aceite portador por cada 10 gotas de aceite esencial y ¼ de taza (60 ml) por cada 15-20 gotas.

En segundo lugar debemos considerar el almacenamiento. Los aceites esenciales deben mantenerse alejados de la luz y del aire. Es mejor almacenar los aceites y mezclas de aceites en botellas negras o marrones. De ese modo estarán al abrigo de la luz y podremos prevenir su deterioro. La mayoría de aceites esenciales se pueden guardar durante uno o dos años en un almacenamiento adecuado, pero los cítricos no se deben usar pasados seis o nueve meses.

Antes de comenzar a trabajar con aceites esenciales, haz una prueba de alergia en la piel. Algunas personas tienen piel sensible y tú puedes ser una de ellas. Para detectar alergias, simplemente aplica una gota de aceite portador en tu piel y verifica si hay alguna reacción dentro de las doce horas siguientes. Si no hay reacción, añade una gota de aceite esencial a quince gotas de aceite portador. Aplica la mezcla en el área superior del pecho y verifica si hay alguna reacción dentro de las doce horas siguientes. Si no hay reacción, entonces no tienes alergia ni al aceite ni a la planta.

Finalmente, algunos aceites esenciales deben evitarse si se tiene la piel muy seca o sensible y estando embarazada o amamantando. Si tienes piel sensible, es mejor evitar los siguientes aceites esenciales: pimienta negra, canela, clavo, pomelo, limón, melisa, citronela, lima, mandarina, naranja, menta y hierbabuena. Si estás embarazada o amamantando, evita estos otros aceites: cardamomo, cilantro, geranio, jengibre, pomelo, lavanda, limón, melisa, citronela, lima, mandarina, neroli, palmarosa, naranjo amargo, hierbabuena y ylang-ylang.

Aromas y sensibilidad

Cuando empiezas a trabajar con aceites esenciales para abordar problemas de salud, comienza con un solo síntoma o problema. Céntrate en eso, limita tu selección a unos pocos aceites esenciales. Una vez tengas lo básico, puedes crear tus propias mezclas de aceites y determinar cuáles son mejores como perfumes, como sales de baño o para añadirlos a la cera de las velas (nunca añadas aceites con la vela encendida).

ESTRÉS Varios aceites esenciales pueden ser eficaces para aliviar el estrés. El estrés suele tener efectos secundarios, como ansiedad, malestar estomacal y respiración rápida. Un aceite esencial que funciona bien para el estrés y la ansiedad es la menta. Relaja la mente y el cuerpo y ayuda con la digestión. La lavanda es otra buena opción, ya que relaja los músculos y sus vapores pueden ayudar a regular la respiración.

DOLOR Y TENSIÓN MUSCULAR La tensión muscular es algo con lo que muchos lidiamos. Cuando se usan aceites esenciales para aliviar el dolor de la tensión muscular, el mejor enfoque es crear un aceite de masaje para frotar en el área afectada. Si quieres relajar los músculos y aliviar el dolor, la pimienta de Jamaica es una excelente opción. El aceite esencial de geranio también es una buena alternativa: reduce la inflamación, la tensión muscular y alivia el estrés.

CONGESTIÓN EN EL PECHO El resfriado común, la gripe y las alergias estacionales pueden provocar congestión en el pecho, por lo que esta dolencia puede aparecer en cualquier época del año. Para usar aceites esenciales que alivien la congestión en el pecho, aplica unas gotas de aceite diluido en el pecho y masajea. El mejor aceite para aliviar la congestión es el aceite de eucalipto, que puede eliminar la tos, mejorar los resfriados, la gripe y las alergias, además de ayudar a restaurar la respiración adecuada. El aceite de tomillo es otra excelente opción para aliviar la congestión.

CONCENTRACIÓN Y ENFOQUE Todos podemos tener dificultades para concentrarnos y enfocar la mente. Puede ser resultado de la falta de sueño, del estrés, la ansiedad, la depresión o una reacción a los problemas de la vida. Para usar aceites esenciales que ayuden en la concentración, aplica unas gotas en las sienes, en mitad de la frente y en la nuca. El romero es un aceite excelente cuando necesitamos concentrarnos intensamente o memorizar datos. La menta verde ayuda a relajar y calmar la mente, favoreciendo la claridad mental.

FATIGA Mucha gente se siente agotada al final del día, incluso si duermen lo suficiente. La mejor manera de usar aceites esenciales para problemas relacionados con la energía y la fatiga es aplicar unas gotas en las muñecas y frotarlas. El aceite de limón o lima funciona muy bien en este caso. Ambos levantan el ánimo, alivian la fatiga, brindan claridad mental y concentración. El limón también ayuda a equilibrar el sistema nervioso.

INSOMNIO Hay personas que no consiguen quedarse dormidas. Para estos casos, aplica unas gotas de aceite esencial en su frente y en la nuca y observa qué aromas relajan mejor su mente y cuerpo. La melisa es un excelente aceite para esto, ya que aborda la ansiedad y el estrés y promueve un sueño reparador. El aceite de ylang-ylang también puede ayudar a dormir y alivia el dolor muscular que puede estar obstaculizando una buena noche de descanso.

ANSIEDAD Éste es un problema horrible que involucra lo físico y lo mental. Los síntomas físicos pueden incluir ataques de pánico, ataques de asma, sensa-

ción de parálisis y temblores. Los síntomas mentales pueden incluir pensamientos nublados, mente acelerada, sensación de confusión y de estar desconectado. Para tratar la ansiedad con aceites esenciales, aplica una gota en la frente, la nuca, las muñecas y a lo largo de la clavícula o la parte superior del pecho. La manzanilla, la lavanda y la melisa son aceites fantásticos para aliviar la ansiedad y relajar el cuerpo.

ELABORACIÓN DE MEZCLAS DE ACEITES

Lo que hay que recordar sobre los aceites esenciales es que un poco dura mucho tiempo. Se trata de formas concentradas de la esencia de las plantas, por lo que se necesita muy poca cantidad para lograr mucho beneficio. ¡Menos es más! Una botella sin diluir de un aceite esencial debería permitirte crear varias mezclas y tratamientos.

No te hacen falta muchos suministros para hacer tus propias mezclas de aceites. Necesitas un frasco de vidrio con tapa, un aceite portador y aceites esenciales. Un aceite rico en vitamina E se puede añadir a muchas mezclas como estabilizador y conservante. Si no tienes todos los aceites esenciales requeridos para un remedio en particular, puedes sustituirlos. Para hacer mezclas de hierbas y de aceites esenciales, los utensilios adicionales que necesitarás incluyen una balanza, una gasa y un molinillo o un mortero.

Como antes, para hacer tus aceites, usa ⅛ de taza (30 ml) de aceite portador por 10 gotas de aceite esencial. Cuando mezclas hierbas, usa ½ taza (120 ml) de aceite portador en lugar de ⅛ de taza. El aceite adicional sirve para absorber el aroma y los aceites naturales de las hierbas secas. Hacer mezclas de aceites es bastante fácil. Empieza por lavar bien el tarro por dentro y por fuera. Si vas a usar ingredientes herbales pesados, muélelos y colócalos en primer lugar en el frasco. Añade la mitad del aceite portador. A continuación, incorpora los aceites esenciales. Añade el aceite portador restante. Tapa el frasco con su tapa, agita vigorosamente y guárdalo en un lugar fresco y oscuro. Después agita el tarro dos veces al día. Tras cuatro semanas, cuela una pequeña parte del aceite en un vaso pequeño para probar el aroma. Si tiene el perfume que estabas buscando, cuela todo el aceite de prueba y pásalo a un nuevo frasco. Si no es tan fuerte como te gustaría, devuelve el aceite al frasco original y añade unas gotas más de cada aceite esencial. Agita dos veces al día. Espera dos semanas más y repite la prueba.

SALUD Y BIENESTAR
Recetas de aromaterapia

Los aceites esenciales individuales son herramientas poderosas para la salud y el bienestar, pero las mezclas de aceites son mucho más eficaces porque combinan los beneficios de múltiples ingredientes. Cuanto más trabajes con aceites, más aromas y aceites favoritos descubrirás y usarás unos más que otros. Las siguientes recetas sencillas son algunas de nuestras favoritas y se centran en hierbas y aceites fáciles de obtener que se pueden encontrar en el supermercado, tiendas bio o farmacias. Prueba algunas de estas recetas; con un poco de práctica, pronto podrás crear tus propias mezclas.

Alivio la ansiedad y del estrés

Alivio de ansiedad

5 gotas de aceite de manzanilla
5 gotas de aceite de citronela
1/8 de taza (30 ml) de aceite portador

Alivio del estrés

5 gotas de aceite de menta
5 gotas de aceite de lavanda
1/8 de taza (30 ml) de aceite
    portador

Alivio de la tensión y del dolor muscular

Alivio de la tensión muscular

1/2 cucharada de pimienta de Jamaica
    molida
1/2 cucharada de nuez moscada molida
5 gotas de aceite de geranio
1/2 taza (120 ml) de aceite portador

Alivio del dolor muscular

1/2 cucharadita de pimienta de cayena
1/2 cucharadita de cúrcuma molida
5 gotas de aceite de rosa
5 gotas de aceite de árbol de té
1/2 taza (120 ml) de aceite portador

Congestión en el pecho y mucosidad

Alivio de la congestión en el pecho

5 gotas de aceite de eucalipto
5 gotas de aceite de pino
1/8 de taza (30 ml) de aceite portador

Mucolítico

1/8 de taza (5 g) de hojas secas
    de ortiga
5 gotas de aceite de incienso
2 tazas (480 ml) de aceite portador

Fortalecer la mente

Enfoque y concentración

½ cucharada de mirra molida
5 gotas de aceite de romero
2 tazas (480 ml) de aceite portador

Fuerza y claridad mental

1 cucharada de romero seco
5 gotas de aceite de menta
5 gotas de aceite de menta verde
2 tazas (480 ml) de aceite portador

Fatiga

Energizante

½ cucharada de bayas de enebro secas
5 gotas de aceite de tomillo
2 tazas (480 ml) de aceite portador

Energía cítrica

5 gotas de aceite de limón
5 gotas de aceite de lima
⅛ de taza (30 ml) de aceite portador

Sueño reparador

5 gotas de aceite de melisa
5 gotas de aceite de ylang-ylang
⅛ de taza (30 ml) de aceite portador

Alivio del dolor estomacal

Alivio de la digestión

½ cucharada de catnip seco
5 gotas de aceite de jengibre
5 gotas de aceite de menta verde
2 tazas (480 ml) de aceite portador

EL COMPONENTE ESPIRITUAL

La aromaterapia puede curar el cuerpo, la mente y también el espíritu, además de ser un poderoso aliado en la práctica mágica. El perfume de las hierbas y aceites desencadena cambios dentro de nosotros a nivel espiritual. Esto es tremendamente poderoso y puede ser un catalizador para el cambio. En magia, al igual que en la sanación, las hierbas y los aceites tienen múltiples propiedades y asociaciones. Algunas hierbas son más fuertes mágicamente que otras. La magia es algo muy personal y lo que funciona para una persona puede no funcionar para otra. Al desarrollar tus habilidades y conocimientos sobre las hierbas y otras plantas, descubrirás las que mejor resuenan y son más compatibles contigo. Los aceites mágicos pueden no tener los aromas más agradables del mundo ¡y no pasa nada! La magia de los aceites resuena con las propiedades energéticas de las hierbas. Cuando mezclas aceites, inciensos y baños para un trabajo mágico o espiritual, deja que tu intuición te guíe. Si una hierba parece tener más sentido en una mezcla que la que «crees» que debería incluirse, úsala. Tu guía personal y el espíritu de la planta te están hablando. ¡Escucha!

LA MAGIA DE LOS ACEITES ESENCIALES

Los aceites esenciales se pueden usar individualmente en hechizos o rituales. Al hacer un hechizo de amor, puedes ungirte con aceite de rosa o pachuli para atraer el amor y aportar energía sensual a la situación. Si tienes dificultades para meditar, puedes aplicar unas gotas de incienso o aceite de mirra en la frente y las sienes. Si necesitas dinero, un poco de aceite de albahaca en una vela verde podría ser el truco. La siguiente lista proporciona varios aceites esenciales comunes, así como los atributos y áreas a los que corresponden cuando se usan en hechizos.

ALBAHACA Felicidad, paz, dinero, ayuda en la meditación y en el trance.

ÁRBOL DE TÉ Fuerza, limpieza, evita distracción espiritual, la negatividad, los maleficios y las maldiciones, curación, protección.

ARTEMISA Conciencia psíquica, sueños lúcidos, proyección astral, espiritualidad.

BAYAS DE ENEBRO Purificación, protección, curación.

CALÉNDULA Salud, sueños lúcidos, comodidad, seguridad financiera y éxito.

CANELA Energía física, conciencia psíquica, prosperidad.

CATNIP Paz, belleza, felicidad.

CITRONELA Conciencia psíquica, purificación.

CLAVO Curación, memoria, protección, coraje.

EUCALIPTO Salud, purificación.

GERANIO Felicidad, protección.

HIERBABUENA Curación, protección durante el sueño, fortaleza mental.

INCIENSO Espiritualidad, meditación.

JENGIBRE Energía mágica, encender la pasión sexual, amor, dinero, coraje.

LAUREL Conciencia psíquica, purificación.

LAVANDA Salud, amor, celibato, mente consciente.

LIMA Purificación, protección.

LIMÓN Salud, purificación.

MANZANILLA Dormir, sueños, meditación, paz, dinero.

MELISA Paz, dinero, purificación.

MENTA Ayuda en el trabajo de meditación y trance, purificación, enfoque.

MIRRA Espiritualidad, meditación, curación.

NUEZ MOSCADA Energía mágica, conciencia psíquica, dinero.

PACHULI Pasión sexual, amor, fertilidad, dinero, ruptura de maldiciones.

PIMIENTA DE JAMAICA Dinero y riqueza, suerte, éxito empresarial, salud.

PIMIENTA NEGRA Vigilancia mental, protección, energía física, coraje, exorcismo.

PINO Curación, protección, purificación, dinero.

ROMERO Longevidad, memoria, amor, ayuda en la meditación y el trabajo de trance.

ROSA Pasión sexual, amor, romance, paz, belleza.

SÁNDALO Espiritualidad, meditación, pasión sexual, curación.

TOMILLO Coraje, ayuda en meditación y trance, salud.

YLANG-YLANG Paz, pasión sexual, amor.

CÓMO HACER ACEITES MÁGICOS

Hechizos embotellados

Si bien los aceites esenciales individuales son poderosos por sí mismos, las mezclas nos permiten crear aceites aún más eficaces para conjuros y rituales. Por ejemplo, un aceite para el dinero podría incluir una mezcla de aceite y hierbas relacionadas con diferentes aspectos del dinero: un aceite para atraer dinero, otro aceite para la estabilidad financiera y un tercer aceite o hierba para acelerar el proceso de obtención de dinero. Un aceite para el amor puede incluir aceites para el romance, la pasión, la atracción y la estimulación sexual.

Los aceites mágicos son esencialmente hechizos embotellados, cargados y listos para liberar su energía mágica con el uso. Trabajar con estos aceites conjurados es simple. Una forma consiste en usar el aceite como perfume ungiendo el cuerpo con su magia. En los conjuros que involucran velas, puedes ungirlas con un aceite apropiado para mejorar el hechizo. Todo lo que necesitas para hacer magia con aceites es el propio aceite y tu imaginación.

Los aceites de amor se pueden usar para hechizos relacionados con la sexualidad, atraer el amor hacia ti, provocar el romance y hacer crecer la amistad. Los aceites protectores pueden ser para protección individual, para la protección para el hogar o la protección comercial.

Los aceites limpiadores pueden ayudar a eliminar maleficios o conjuros de negatividad, y algunos pueden eliminar los bloqueos espirituales. Para el desarrollo psíquico y espiritual, los aceites se aplican durante la meditación y el trabajo ritual para limpiar el alma y enfocar la mente. Los aceites curativos envían energía hacia una persona que necesita ser curada.

Cuando empieces a hacer aceites mágicos, seguirás un proceso muy similar al utilizado para los aceites de aromaterapia destinados a la salud y el bienestar.

La principal diferencia es que estás infundiendo los aceites con magia. Esto se hace mediante la adición de energía física, espiritual, mental y mágica durante el proceso de agitación.

Cuando haces aceites mágicos, el movimiento físico incorpora tu energía física a la mezcla. Mientras agitas los aceites, concéntrate en la intención o el propósito que le quieras dar a cada aceite. Este enfoque añade energía mental a la mezcla.

También se incorpora energía mental, espiritual y mágica a través del proceso de visualización de luz de colores. Hay diferentes colores para diferentes propósitos, como el azul para la curación, el verde para el dinero, el púrpura para el trabajo psíquico y el negro para la protección. Para «añadir» luz de color, mientras agitas la botella simplemente visualiza el color llenando el aceite.

El último componente para cargar un aceite mágico es recitar oraciones o mantras, que se recitan mientras se agita el aceite. Un aceite curativo podría incluir una oración como «Salud y bienestar: venid a mí», mientras que un aceite de dinero puede usar palabras como «El dinero fluye libremente, habrá prosperidad». Estos mantras u oraciones son los que te conectan con el espíritu de las plantas y activan el trabajo mágico.

Dinero

Estresarse por el dinero puede causar insomnio, problemas digestivos, ansiedad y fatiga. Los siguientes aceites están diseñados para ayudar a lidiar con el estrés financiero al atraer dinero y proteger los activos.

Atracción de dinero

½ cucharada de pimienta de Jamaica molida
½ cucharada de canela molida
5 gotas de aceite de albahaca
5 gotas de aceite de melisa
2 tazas (480 ml) de aceite portador

Proteger tu dinero

2 cucharaditas de caléndula seca
5 gotas de aceite de nuez moscada
2 tazas (480 ml) de aceite portador

Amor

El amor viene de muchas formas, desde una forma romántica a una sexual y apasionada, puede ser de los padres, familiares e incluso un amor amistoso. No importa el tipo de amor que estés buscando, estos aceites pueden atraerlo a tu vida.

Amor simple

5 gotas de aceite de rosa
5 gotas de aceite de lavanda
½ taza (120 ml) de aceite portador

Para la pasión sexual

5 gotas de aceite de jengibre
5 gotas de aceite de pachuli
5 gotas de aceite de ylang-ylang
1 y ½ taza (360 ml) de aceite portador

Protección

La magia de protección sirve para crear una sensación de seguridad. En algunos casos, la protección requiere obtener coraje y fuerza para ponerse en pie y defenderse. Otros hechizos de protección, en cambio, tratan de mantener alejada la negatividad.

Levanta y pelea

1 cucharada de pimienta negra molida
5 gotas de aceite de clavo
$^3/_4$ de taza (180 ml) de aceite portador

Protección de la casa

5 gotas de aceite de tomillo
5 gotas de aceite de geranio
5 gotas de aceite de árbol de té
$^1/_4$ de taza (60 ml) de aceite portador

Limpieza y purificación

Con el tiempo, todos nuestros pensamientos, tanto positivos como negativos, así como acciones ejecutadas o no, acumulan un residuo energético. Los aceites de limpieza y purificación ayudan a eliminar dichos residuos psíquicos, permitiendo únicamente las energías que mejor te sirven.

Limpieza con cítricos

10 gotas de aceite de limón
5 gotas de aceite de lima
$^1/_4$ de taza (60 ml) de aceite portador

Purificación

5 gotas de aceite de limón
5 gotas de aceite de pino
5 gotas de aceite de eucalipto
1 y $^1/_2$ taza (360 ml) de aceite portador

Meditación, habilidades psíquicas y enfoque mental

En brujería, hay algunos hechizos y rituales que ayudan a desarrollar dones y habilidades psíquicas. Estos dones pueden involucrar clarividencia (visión psíquica), mediumnidad, adivinación (la capacidad para leer cartas del tarot, las runas y otras herramientas similares), lectura de aura, curación y mucho más. El desarrollo de estas habilidades puede ayudarte a estar más en sintonía contigo y con tu alma a través del desarrollo de la intuición. Los siguientes aceites ayudan con la meditación, la claridad mental y la conexión espiritual.

Espiritualidad

5 gotas de aceite de incienso
5 gotas de aceite de mirra
¼ de taza (60 ml) de aceite portador

Conciencia psíquica

2 cucharaditas de caléndula seca
5 hojas de laurel secas enteras
5 gotas de aceite de citronela
¾ de taza (180 ml) de aceite portador

Meditación

1 cucharada de catnip seco
5 gotas de aceite de manzanilla
5 gotas de aceite de sándalo
¾ de taza (180 ml) de aceite portador

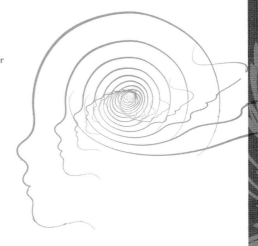

SALES DE BAÑO DE AROMATERAPIA

Los baños son herramientas poderosas que se pueden usar para la salud y el bienestar. A veces, cuando nos duelen los músculos, sufrimos congestión en el pecho o nos sentimos estresados, deprimidos y angustiados, o incluso incapaces de dormir, un baño caliente puede ser el único medicamento necesario. Los baños de aromaterapia con sales de baño combinan el alivio natural que proviene del agua caliente con el poder de los aceites esenciales para proporcionar una experiencia relajante y sensacional que rejuvenece la mente, el cuerpo y el alma.

El baño de aromaterapia funciona de dos maneras. Primero, está el calor de la propia agua, que relaja y libera la tensión muscular de forma natural. En segundo lugar, el calor del agua también permite que las sales se disuelvan más fácilmente para que puedan liberar sus aromas calmantes y terapéuticos en el agua del baño.

Elaboración de sales de baño

Cuando se trata de instrumentos para hacer sales de baño, se necesita muy poco equipo. La mayoría de los artículos requeridos se pueden comprar en el supermercado o en tiendas bio. Los materiales necesarios son: una balanza, un molinillo, batidora o mortero, un bol para mezclar, vasos medidores, un tarro de cristal para el almacenamiento, aceites esenciales, hierbas aromáticas, una cuchara mezcladora y sales de Epsom.

Debes guardar todos estos elementos juntos en un lugar específico y reservado únicamente para los ingredientes utilizados en la fabricación de las sales de baño. Elaborar sales de baño es muy fácil. Para empezar, pesa y muele las hierbas secas. Una vez molidas, colócalas en el bol. Remueve bien con la cuchara mezcladora. Por cada 30 g de hierbas, añade 110 g de sales de Epsom al bol. Mientras añades las sales de Epsom, remueve la mezcla sin cesar. El último paso consiste en incorporar cada aceite esencial de uno en uno. Remueve la mezcla continuamente. Una vez que todos los aceites esenciales se hayan mezclado, vierte las sales de baño completas en un frasco de vidrio. Ponle una etiqueta y tus sales de baño ya estarán listas para usar.

Alivio de la ansiedad y del estrés

Alivio de la ansiedad

5 gotas de aceite de ylang-ylang
5 gotas de aceite de melisa
110 g de sales de Epsom

Alivio del estrés

2 cucharadas de hierbabuena seca
5 gotas de aceite de lavanda
110 g de sales de Epsom

Alivio del dolor y la tensión muscular

Alivio del dolor muscular

1 cucharada de canela molida
1 cucharada de clavo molido
5 gotas de aceite de árbol de té
110 g de sales de Epsom

Alivio de la tensión

1 cucharada de pimienta de Jamaica
molida
1 cucharada de nuez moscada molida
5 gotas de aceite de geranio
110 g de sales de Epsom

Congestión en el pecho y malestar estomacal

Alivio de la congestión en el pecho

5 gotas de aceite de eucalipto
5 gotas de aceite de pino
110 g de sales de Epsom

Mejora de la digestión

1 cucharada de jengibre molido
1 cucharada de tomillo seco
5 gotas de aceite de incienso
110 g de sales de Epsom

Fatiga

Alivio de la fatiga

2 cucharadas de romero seco
5 gotas de aceite de limón
5 gotas de aceite de enebro
110 g de sales de Epsom

Ayuda para dormir

5 gotas de aceite de manzanilla
5 gotas de aceite de menta
110 g de sales de Epsom

Alivio de la depresión y elevación del estado de ánimo

Felicidad

2 cucharadas de catnip seco
5 gotas de aceite de rosa
110 g de sales de Epsom

Elevador del estado de ánimo

2 cucharadas de albahaca seca
5 gotas de aceite de citronela
110 g de sales de Epsom

Estabilizador del estado de ánimo

5 gotas de aceite de lima
5 gotas de aceite de mirra
110 g de sales de Epsom

Una vez que hayas preparado tus sales es hora de darse un baño relajante. Llena la bañera con agua caliente. Asegúrate de que el agua esté tan caliente como puedas soportar. Cuando esté lleno aproximadamente un cuarto de la bañera, espolvorea 3 cucharaditas de sales de baño en el agua. Remueve el agua del baño con las manos mezclando la sal con el agua. Cuando la bañera esté llena, entra y sumérgete. Mientras te empapas, deja que tu cuerpo y tu mente se relajen. Permanece en la bañera durante treinta minutos. Después sal y sécate con una toalla.

EL PODER DE LOS BAÑOS RITUALES

En brujería, los únicos baños rituales preceptivos son baños tomados antes de los sabbats mayores y menores, que son fiestas estacionales de cada solsticio y equinoccio (Imbolc, Beltane, Lammas y Samhain. Ostara, Litha, Mabon, Yule) para limpiar mentes, cuerpos y espíritus antes del ritual, pero los baños ritualizados en general proporcionan vías para la magia. Cualquier conjuro o hoodoo (magia tradicional afroamericana) usa baños rituales para limpieza y bendición. Un brujo hoodoo puede prescribir un baño ritual para que un cliente consiga prosperidad o elimine un maleficio o una maldición (el típico mal de ojo). Otras tradiciones mágicas incluyen lavar la casa o el negocio para tener éxito y protección.

La principal diferencia entre los baños rituales y los baños de aromaterapia es la incorporación de los mantras u oraciones. Los baños rituales se preparan con oraciones (como los Salmos o los cantos rúnicos, así como cualquier mantra o petición personal que quieras) recitados mientras se toma el baño. Estos mantras y cantos fortalecen los baños con la esencia del espíritu y activan las esencias de las hierbas y aceites.

A diferencia de los baños simples de aromaterapia, los baños rituales no requieren un baño completo necesariamente. De hecho, ni siquiera se necesita una bañera para sumergirse. Antiguamente, cuando no todos tenían una bañera ni agua corriente, estos baños rituales se realizaban en palanganas, fregaderos y cubos, haciendo abluciones de pies a cabeza.

Actualmente, si disponemos de una bañera, podemos hacer una inmersión total. Si no tienes bañera, métete en la ducha con una palangana o un cubo. Con ayuda de un cazo o de un bol, vierte el agua con sales por encima de la cabeza o practica abluciones con las manos echándote el agua por todo el cuerpo.

Si estás ritualizando una casa o un espacio de trabajo, coge un cubo para limpiar todas las superficies. Para las paredes puedes usar un pulverizador. Cuando se trate de la limpieza de objetos pequeños, puedes meterlos en el cubo (si se pueden mojar). Para lo que no pueda mojarse directamente, se puede usar una esponja o un paño humedecido. Eso es todo lo que necesitas. Lo importante es el contacto con el agua ritualizada y las hierbas.

Amor y sexualidad

Estos baños están diseñados para brindarte oportunidades de amor y encuentros sexuales.

Despertar el deseo

5 gotas de aceite de jengibre
5 gotas de aceite de sándalo
1 cucharada de hojas secas de pachuli
110 g de sales de Epsom

Amor romántico y dulce

1 cucharada de pétalos de rosa secos
1 cucharada de romero seco
110 g de sales de Epsom

Felicidad

1 cucharada de catnip seco
1 cucharada de albahaca seca
5 gotas de aceite de geranio
110 g de sales de Epsom

Dinero y éxito

Estos baños están diseñados para aumentar la suerte, traer éxito y eliminar cualquier bloqueo en tu camino hacia la estabilidad financiera.

Suerte y éxito

1 cucharada de pimienta de Jamaica molida
5 gotas de aceite de manzanilla
110 g de sales de Epsom

Dinero

1 cucharada de pimienta de Jamaica molida
1 cucharada de jengibre molido
5 gotas de aceite de pachuli
110 g de sales de Epsom

Meditación, conciencia psíquica y espiritualidad

Estos baños están diseñados para ayudar a relajar a alguien permitiéndole entrar en sintonía con sus habilidades psíquicas.

Meditación

1 cucharada de lavanda seca
5 gotas de aceite de mirra
5 gotas de aceite de ylang-ylang
110 g de sales de Epsom

Mejora espiritual

1 cucharada de artemisa seca
5 gotas de aceite de incienso
5 gotas de aceite de mirra
5 gotas de aceite de sándalo
110 g de sales de Epsom

Conciencia psíquica

1 cucharada de nuez moscada molida
1 cucharada de tomillo seco
5 gotas de aceite de canela
5 gotas de aceite de caléndula
4 onzas de sales de Epsom

Protección y coraje

Estos baños están diseñados para alentarte a tener la fuerza necesaria para defenderte y protegerte contra los malos deseos y la negatividad.

Defensa

1 cucharada de clavo molido
1 cucharada de bayas de enebro secas
5 gotas de aceite de lima
110 g de sales de Epsom

Protección contra el mal

5 gotas de aceite de pino
5 gotas de aceite de árbol de té
110 g de sales de Epsom

Limpiar y eliminar

Estos baños están diseñados para limpiar espiritualmente y desterrar todo lo que te cause problemas.

Eliminar la negatividad

1 cucharada de pimienta negra molida
5 hojas de laurel secas enteras
5 gotas de aceite de citronela
110 g de sales de Epsom

Purificar y limpiar el espíritu

1 cucharada de menta seca
1 cucharada de hierbabuena seca
5 gotas de aceite de limón
5 gotas de aceite de melisa
110 g de sales de Epsom

La aromaterapia te ayuda a conectar con la Madre Tierra. Que estos aceites y baños carguen tu vida con salud y bienestar mientras viajas por tu travesía espiritual.

Capítulo 3

El poder
de los cristales

LA SABIDURÍA OCULTA
DE LAS GEMAS

Se pueden encontrar cristales con potentes atributos curativos en prácticamente todo el planeta. Desde piedrecitas de la playa a cantos rodados de un río, pasando por rocas y piedras del bosque, puedes ir por donde quieras y encontrar elementos que contengan cuarzo o algún otro mineral cristalino. Estas piedras y cristales forman parte del mundo mágico y curativo tanto como las flores y las hierbas, aunque estemos acostumbrados a relacionarlas solamente con la belleza y la joyería. No solemos pensar que piedras como el hematites, por ejemplo, pueden ayudarnos a combatir la ansiedad o que el heliotropo se usa para purificar la sangre.

Igual que las plantas, las gemas y los cristales son todo un maravilloso mundo de magia por sus propiedades curativas. Ha llegado el momento de sacar la magia que se oculta en las profundidades de la Tierra y sacarlas a la luz del día. Cuando trabajamos con estos elementos para la sanación y el bienestar, estamos trabajando con energías provenientes del principio de los tiempos.

PON HERMOSOS COLORES
EN TU VIDA CON CRISTALES

Cuando se trata de cristales, nos sentimos atraídos en buena parte por sus colores y por la forma en que reaccionamos a los mismos. En el trabajo espiritual, los colores tienen una historia muy rica: el azul es común para la curación y el rojo es universal para el amor y la pasión. Los colores que emana un cristal te dan una idea de cómo puedes trabajar con él mágicamente. Aquí presentamos una lista simple de asociaciones de color:

BLANCO Espíritu puro, inocencia, pizarra en blanco (cualquier propósito).

ROJO Amor, vida, sexo, romance, poder, elemento de fuego.

NARANJA Éxito, memoria, ganancia de energía.

VERDE Dinero, fertilidad, éxito, crecimiento, elemento tierra.

AZUL Curación, paz, trabajo soñado.

ORO Dinero, éxito, Dios Sol.

AMARILLO Éxito, suerte, elemento aire.

PLATA Intuición, dinero, habilidad psíquica, Diosa Luna.

PÚRPURA Intuición, energía psíquica, enfoque mental, espiritualidad.

NEGRO Protección, crecimiento, resistencia.

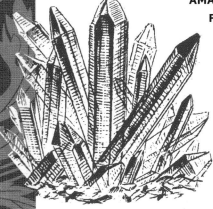

Ahora que hemos pasado por las asociaciones de los colores, veamos algunos cristales y sus asociaciones mágicas:

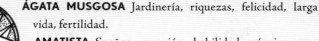

ÁGATA MUSGOSA Jardinería, riquezas, felicidad, larga vida, fertilidad.

AMATISTA Sueños, curación, habilidad psíquica, paz, amor, protección contra ladrones, coraje, felicidad.

AVENTURINA Enfoque mental y capacidad psíquica, vista, juego y suerte general, dinero, paz, curación.

AZABACHE Contra pesadillas, suerte, adivinación, salud.

CITRINO Éxito, protección, contra pesadillas, habilidad psíquica.

CORNALINA Alivio de la depresión.

CUARZO AHUMADO Crecimiento, alivio de la depresión.

CUARZO BLANCO Aumenta cualquier otro cristal o hierba, espiritualidad, protección, curación, habilidad psíquica, poder.

CUARZO ROSA Amor, apertura del chakra del corazón, paz, felicidad.

DIAMANTE Espiritualidad, reconciliación, ayuda en la disfunción sexual, protección, coraje, paz, amor, curación, fuerza.

ESMERALDA Amor, dinero, concentración mental y capacidad psíquica, protección, exorcismo, vista.

FLUORITA Enfoque mental y capacidad psíquica.

GRANATE Curación, protección, fuerza.

HELIOLITA Protección, energía, salud, energía sexual, Dios Sol.

HELIOTROPO Curación, victoria, coraje, éxito en asuntos legales y comerciales, riqueza, paz.

HEMATITES Crecimiento, curación, adivinación.

JADEÍTA Amor, curación, longevidad, sabiduría, protección, prosperidad, dinero, protección.

JASPE ROJO Protección contra veneno y negatividad, curar fiebres, curación, belleza, gracia.

LABRADORITA Tranquilidad, paz, felicidad, tranquilidad, relajación.

LAPISLÁZULI Curación, alegría, amor, fidelidad, capacidad psíquica, protección, coraje.

MALAQUITA Poder, protección, amor, paz, éxito empresarial.

OJO DE TIGRE Dinero, prosperidad, coraje, energía, suerte, adivinación.

PIEDRA DE LUNA Amor, adivinación, habilidad psíquica, jardinería, juventud, protección, dieta, Diosa de la Luna.

PIRITA (*Oro de los tontos*) Dinero, adivinación, suerte.

RUBÍ Riqueza, protección, poder, alegría, contra pesadillas.

Una de las mejores maneras de trabajar con cristales en magia es llevarlos encima o colocarlos en algún lugar oculto pero donde la energía aún sea eficaz. Los antiguos guerreros llevaban heliotropos hechizados para alcanzar la victoria y para curar las heridas sangrantes durante la batalla. Al llevar ojo de tigre encima podemos aumentar la suerte y la prosperidad. Si te sientes cansado, toca la piedra y te cargará las pilas. Si tienes una empresa, coloca una malaquita y una pirita para atraer clientes y aumentar las ventas. Si colocas ágata musgosa en el jardín, éste será mucho más sano y más fértil.

Ahora que los cristales nos han revelado su magia, es hora de avanzar. Que la luz cristalina te guíe hacia la salud y el bienestar.

LOS CRISTALES SON TUS MEJORES AMIGOS

Hay una gran variedad de cristales curativos en el mercado. Desde que salen de la tierra hasta que llegan a tus manos, muchos de ellos son manejados por cientos de personas. Ésta es una de las razones por las que puede ser difícil encontrar la energía pura de un cristal cuando lo manejas por primera vez. Antes de comprar una gema, hay una meditación simple y eficaz que puedes hacer para encontrar el cristal que más se alinea con tu espíritu y conectar con él.

Meditación de alineación de cristales
TRUCOS SIMPLES PARA CALMAR TU ALMA

Al ponerte delante de una gema, cierra los ojos y concéntrate un momento. Respira tres veces lentamente: inhala hasta que cuentes cuatro, espera hasta que cuentes cuatro, exhala hasta que cuentes cuatro, y luego espera hasta que de nuevo cuentes cuatro. Ahora declara firmemente en tu mente: «Mi espíritu vibra en armonía con (di el nombre de la gema)». Sigue recitando mentalmente ese canto hasta que sientas un cambio energético por dentro. Ahora abre los ojos y empieza a sentir las gemas delante de ti. Sostenlas y tócalas. El cristal adecuado para ti será el que parezca vibrar en tu mano. Esa sensación es la alineación de tu energía con la energía cristalina.

Aumenta el poder de la gema

Ritual simple de limpieza

Antes de empezar a trabajar con cristales, tienes que limpiarlos. Esta limpieza es tanto física como energética. Eliminará el polvo y la suciedad que se haya acumulado con el tiempo. Sin embargo, la razón más importante para la limpieza es eliminar la energía de cualquier otra persona que los haya tocado para que sólo permanezca tu energía y la del cristal.

Materiales

Los cristales

Bol de agua jabonosa

Sal marina (en un bol pequeño)

Bol de agua fría

Ritual

Coge todos tus cristales y ponlos en el recipiente con agua jabonosa. Usa las manos para frotar las gemas. A medida que las laves, observa cómo se elimina toda la energía de la gente y sólo queda la tuya. Mientras las lavas, canta:

Agua limpia que limpia,
elimina lo malo que no se ve.

Cuando los sientas más ligeros, ponlos individualmente en el bol de sal. Ésta fijará tu energía con la suya y eliminará cualquier energía restante.

Luego, sumérgelos en el recipiente con agua fría para eliminar la sal pero mantén el proceso energético. A medida que los saques del agua, canta:

Por el agua, nada negativo.
Por el agua, bendito sea.

Tus cristales ahora están bendecidos y limpios, listos para ser usados.

PROPIEDADES DE LOS CRISTALES
Mirando en la bola de cristal

Ahora que te has alineado con los cristales, los has comprado, limpiado y bendecido, es hora de trabajar con ellos.

Los siguientes cristales se pueden usar en conjuros individuales o en los elixires complejos comentados en las páginas 94-95.

ÁGATA MUSGOSA Alivia la depresión, aumenta la inmunidad, alivia los dolores de cabeza.

AMATISTA Alivia la artritis, el asma, la ansiedad, la fatiga, el insomnio y el estrés y mejora la circulación.

ÁMBAR Alivia el asma, el estreñimiento y los dolores de cabeza, aumenta la energía.

AVENTURINA Alivia la ansiedad y la fatiga, aumenta la inmunidad.

AZABACHE Alivia dolores de cabeza y depresión.

CITRINO Alivia el estreñimiento, mejora la digestión

CORNALINA Alivia la artritis y la fatiga, mejora la circulación, ayuda a la concentración y a la fertilidad, aumenta la energía.

CUARZO AHUMADO Alivia la ansiedad, el estrés y los dolores de cabeza.

CUARZO BLANCO Ayuda a la concentración, aumenta la energía, la inmunidad y las propiedades y fuerza de todos los demás cristales.

CUARZO ROSA Alivia la ansiedad, los dolores de cabeza y el estrés; ayuda a la fertilidad.

DIAMANTE Alivia la ansiedad y la depresión, purifica, limpia, regula las hormonas.

ESMERALDA Alivia el asma, desintoxica, limpia, aumenta la inmunidad.

FLUORITA Alivia la artritis, ayuda a la concentración (*nota: No usar en elixir ni en agua cristalina*).

GRANATE Alivia la artritis y la depresión, mejora la circulación, ayuda a la fertilidad.

HELIOLITA Alivia la depresión y la fatiga.

HELIOTROPO Mejora la circulación, alivia la fatiga, aumenta la inmunidad.

HEMATITES Alivia la ansiedad, la artritis, los dolores de cabeza y el insomnio, mejora la circulación, ayuda a dormir.

JADEÍTA Alivia la depresión, equilibra el sistema nervioso.

JASPE ROJO Mejora la circulación, ayuda a la concentración, alivia el estreñimiento.

LABRADORITA Mejora la digestión, alivia el estrés.

LAPISLÁZULI Alivia la depresión, los dolores de cabeza, el insomnio y el estrés, aumenta la inmunidad.

MALAQUITA Alivia el asma, aumenta la inmunidad (*nota: No usar en un elixir ni en agua cristalina*).

OJO DE TIGRE Alivia la ansiedad, el asma y la depresión.

PIEDRA DE LUNA Alivia la ansiedad, ayuda a la fertilidad.

PIRITA (*Oro de los tontos*) Alivia el asma, mejora la digestión.

RUBÍ Mejora la circulación, alivia el estreñimiento.

Encantamientos con cristal

Los humanos hemos estado trabajando con cristales en forma de amuletos desde el momento en que fuimos capaces de excavar en la tierra y averiguar el profundo potencial curativo del planeta. Al igual que con las hierbas, hay muchas maneras diferentes de trabajar con cristales para la curación. Con frecuencia, la gente se hace amuletos o talismanes para poder llevar las piedras encima en todo momento. Las piedras y cristales utilizados en tales encantamientos se llaman «huesos de la tierra», ya que su poder proviene de las entrañas del planeta. Tales conjuros nos permiten conectar con el poder profundo y solidario de la tierra.

Los amuletos suelen hacerse en forma de joyas, como pulseras o colgantes. Los adornos de joyería son muy populares porque se pueden usar en un solo lugar (en la muñeca, en las orejas, en el cuello o en un dedo) pero tienen efecto en todo el cuerpo. Esto se debe a que las propiedades energéticas de los cristales que les permiten trabajar para la salud y el bienestar conectan la mente, el cuerpo y el espíritu al mismo tiempo. La joyería también es una forma discreta de trabajar con todo tipo de gemas y cristales. Es algo que se puede usar todos los días o en ocasiones especiales según sea necesario. Simplemente toca las joyas mientras las usas para activar el encantamiento. Piezas como pulseras de

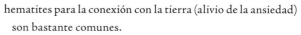

hematites para la conexión con la tierra (alivio de la ansiedad) son bastante comunes.

La combinación de gemas más popular es hematites, amatista y cuarzo blanco. Cuando vemos las propiedades combinadas de estas tres piedras, no es de extrañar que se agrupen porque ayudan en dolencias similares, como ansiedad, alivio del estrés y mala circulación. La hematites añade capacidad para lidiar con los dolores de cabeza, mientras que la amatista aporta alivio para los problemas respiratorios. Los cuarzos de color muy claro potencian las propiedades de los otros cristales y es un refuerzo inmunológico. Al combinarlos con hematites y amatista, tienen un efecto perfecto para la salud y el bienestar general.

El heliotropo puede llevarse colgando de una cadena sobre el chakra del corazón. Esta posición activa el hechizo, permitiendo que la energía se disperse por todo el cuerpo según sea necesario. Si se centra sobre el corazón, esta piedra ayuda a la circulación. Cuando alguien se lo pone encima, puede estimular su sistema inmunológico y obtener alivio de la fatiga.

Todo en la tierra tiene energía. No solemos pensar en las gemas de otro modo que no sea estrictamente físico, pero lo cierto es que, gracias a sus propiedades puramente energéticas, hay muchas formas diferentes de trabajar con los cristales, como aguas cristalinas, elixires y esencias. Algunos de estos métodos relativamente nuevos se ocupan de la energía de los cristales de manera poco ortodoxa.

Esencias de cristal

UNA ENTREVISTA CON CHARISSA ISKIWITCH

Con el aumento de la popularidad de los elixires de cristal y de la curación mediante gemas, muchas tiendas están empezando a ofrecer diferentes tipos de productos de curación de cristales.

Charissa Iskiwitch, fundadora del aquelarre de Silver Pine Grove, en Georgia, y propietaria del sitio web de Charissa's Cauldron, es experta en esencias de cristal, que no son sino infusiones de agua y alcohol (como conservante) a base de plantas o cristales. Las esencias poseen las propiedades energéticas de las sustancias con las que están hechas y son ideales para abordar los aspectos emocionales y mentales de la salud y el bienestar. Las más conocidas son probablemente las flores de Bach, que fueron desarrolladas por el médico homeopático británico Edward Bach en la década de 1930.

Las esencias pueden administrarse por vía oral o a través de un pulverizador, en forma de crema o para el baño. Cuando se toma por vía oral, la dosis estándar es de 4 gotas cuatro veces al día, pero, como siempre, consulta con tu médico antes empezar. Es importante recordar que en realidad no estás absorbiendo ninguno de los cristales físicos, sino sus propiedades energéticas.

La siguiente entrevista con Charissa se realizó por su visión sobre el trabajo de curación con cristales y las esencias de cristal.

¿Cuánto tiempo llevas trabajando con cristales para la salud y la curación?

Siempre me han atraído las piedras. Incluso cuando en mi infancia ayudaba a mi abuela en el jardín, dejaba a un lado las rocas que sacábamos para limpiar y jugar. Más tarde, en la escuela secundaria, me encontré con un libro en la biblioteca (uno de mis lugares favoritos) sobre el antiguo Egipto y me fascinaron las referencias al uso de cristales en la curación. Eso me inició en la investigación. Cuando luego aprendí diferentes modalidades de curación energética como el Reiki, incorporé cristales al trabajo. Utilizo cristales en la curación, en hechizos y básicamente en todas mis prácticas.

¿Por qué (creaste) una línea de esencias de cristal?

Se sabe que las hierbas y las flores tienen propiedades curativas, pero los cristales... no tanto. Supongo que debido a que empecé a leer y estudiar sobre las propiedades curativas de los cristales en mi adolescencia, nunca se me ocurrió que esta información fuera tan desconocida. Los cristales se han utilizado durante miles de años para la curación en muchas culturas.

¿Tienes una esencia de cristal favorita? Y, si es así, ¿por qué?

Tendría que decir hematites. Lo uso regularmente para ayudarme a mantenerme firme y concentrada en el trabajo. Mantengo las piedras esparcidas por la casa para absorber la energía negativa. Llevo una en el bolsillo los días en que me siento particularmente estresada. Me parece que en cualquier combinación que haga, funciona bien para ayudarme a mantenerme con los pies en la tierra y libre de negatividad.

Si pudieras nombrar tres cristales que resultan imprescindibles para la salud, el bienestar y la conexión con el espíritu, ¿cuáles serían?

Recomiendo cuarzo rosa, hematites y amatista. Tanto la amatista como la hematites se pueden utilizar como protección. El cuarzo rosa y la amatista son recomendables para el bienestar emocional. Gran parte de nuestra salud puede verse afectada por el estado emocional.

¿Qué consejo le darías a alguien que quisiera hacer sus propias esencias?

Ten en cuenta las propiedades físicas de la planta o cristal que estás utilizando. Si existe la posibilidad de una reacción alérgica, o si el cristal tiene propiedades metálicas, ten precaución y usa el Método sin contacto para hacer tus esencias (*véase* la página 81). En el caso de las esencias, debes asegurarte de pasar por todo el proceso de dilución. Prepara la esencia (*véase* la página 80). Luego llena una botella grande. De la botella grande llenarás los frascos de dosificación que diluirán sustancialmente las fórmulas.

Además de tus esencias de cristal ¿crees que hay otras formas de trabajar con cristales para la curación?

¡Por supuesto! Yo uso cristales cuando hago sanación energética, como Reiki. Los uso para limpiar chakras. Cuando busco respuestas, a veces elijo una piedra para ayudar a aclarar mis sueños y duermo con ella debajo de la almohada.

AGUA DE CRISTAL
Bebe del camino hacia tu salud

Es importante comprender que con el agua cristalina, como con las esencias cristalinas mencionadas anteriormente, no hay una sustancia física real de cristal en el agua tras haber completado la preparación. Sólo se transfiere la energía de los cristales. Las aguas cristalinas son energéticas aguas curativas. El cristal se usa únicamente durante la preparación para crear agua energizada. Una vez que se hace el agua, el cristal se retira y el agua se embotella.

Para hacer las mejores aguas cristalinas, necesitas agua filtrada. Puedes usar agua del grifo que se hayas filtrado, a menos que vivas en una gran ciudad (porque el agua de la ciudad se trata con cloro), en cuyo caso debes usar agua mineral embotellada. Necesitarás un frasco grande de vidrio para preparar el lote original y otro u otros más pequeños para almacenar el remedio completo. Por último, pero no menos importante, debes haber hecho la selección adecuada de cristales para tu remedio.

Puedes usar una sola agua de cristal para obtener los efectos de un cristal individual, o puedes hacer mezclas para satisfacer necesidades específicas. El proceso es el mismo para ambos tipos de agua y es bastante sencillo. Coloca los cristales en el fondo del recipiente de vidrio que utilices para el lote original o «madre». Añade suficiente agua para llenar el recipiente y déjalo al sol o en un alféizar soleado. Deja que el agua cristalina se asiente al sol de dos a ocho horas. Una vez que se haya asentado a la luz del sol, retira el cristal y cuela esa agua con una gasa en otro recipiente de vidrio. El remedio ya está listo para usarse.

Las dosis de agua cristalina deben ser de 2 a 3 gotas en un vaso de agua o zumo de tres a cuatro veces al día. Esto permite que las propiedades energéticas de los cristales se distribuyan lenta y uniformemente por todo el cuerpo a medida que avanza el día.

Método sin contacto

Hay algunos elixires y aguas de cristal que deben producirse mediante el método sin contacto. Algunos cristales y minerales, como la malaquita, la azurita, la fluorita, el azabache, el azufre, la serpentina, el ojo de tigre, la pirita y la turquesa, contienen elementos metálicos, como el hierro u otros componentes, que pueden absorberse en el agua pero que no deben tocar la piel ni debes beber. Si no estás seguro de un cristal o de sus componentes, usa este método sin contacto.

Necesitarás un bol pequeño, un bol grande, tus cristales, agua y una botella o frasco. Asegúrate de que el bol grande sea lo suficientemente espacioso como para que el pequeño pueda caber bien dentro de él, dejando espacio para el agua.

Coloca el cristal o cristales en el bol pequeño. Mete el bol pequeño dentro del grande. Llena el recipiente grande con suficiente agua para que el nivel quede por encima de los cristales del recipiente más pequeño. Una vez hayas alcanzado ese nivel, deja los cuencos al sol o en un alféizar soleado de dos a ocho horas. Luego, embotella el agua del recipiente grande y úsala según sea necesario en la misma dosis que las aguas cristalinas normales.

Recetas rápidas y fáciles de agua cristalina

Aquí presentamos algunos remedios sencillos de agua cristalina con gemas que se compran fácilmente online o en todas las tiendas esotéricas, incluso en tiendas de bisutería y de artesanía. Sólo necesitas una piedra de cada cristal para hacer estos remedios. Una de las ventajas de usar cristales para la curación es que son reutilizables. Si sólo tienes una amatista, por ejemplo, puedes hacer un remedio con ella, limpiarla y usarla para otro remedio. Es una excelente manera de obtener múltiples usos con un solo elemento. Pero recuerde limpiar los cristales entre usos.

Alivio de ansiedad

Amatista
Cuarzo rosa
Piedra de luna

Alivio de la artritis

Cornalina
Granate
Hematites

Alivio del asma[1]

Amatista
Pirita
Ojo de tigre

Alivio del estreñimiento

Citrino
Jaspe rojo

Alivio de la depresión

Granate
Jadeíta
Lapislázuli
Heliolita
Ágata musgosa

---

1.   Utiliza el método sin contacto descrito en la página anterior.

Alivio digestivo[2]

Citrino
Pirita
Labradorita

Aumento de energía

Cornalina
Cuarzo blanco

Alivio de la fatiga

Venturina
Cornalina
Heliolita

Fertilidad

Cornalina
Granate
Piedra de luna
Cuarzo rosa

Alivio del dolor de cabeza

Cuarzo blanco
Hematites
Lapislázuli
Cuarzo rosa

Impulso de inmunidad

Venturina
Heliotropo
Cuarzo blanco
Lapislázuli

Mejorar la circulación

Heliotropo
Hematites

Mejorar la concentración

Cornalina
Cuarzo blanco
Jaspe rojo

Alivio del insomnio

Amatista
Hematites
Lapislázuli

Alivio del estrés

Lapislázuli
Cuarzo ahumado
Cuarzo rosa

---

2.   Utiliza el método sin contacto descrito en la página 93.

EQUILIBRIO DE CHAKRAS

El equilibrio de los chakras es uno de los usos más comunes de la curación con cristales. La palabra chakra significa «rueda» o «girar» en sánscrito, y las tradiciones budistas, yóguicas, hindúes y tántricas describen los chakras como centros energéticos, o ruedas de energía, en el cuerpo humano. Hay siete chakras principales, desde la parte superior de la cabeza hasta la base de la columna vertebral, y cada uno está asociado con un área específica del cuerpo físico, así como con un atributo espiritual. Cuando un chakra se bloquea o desequilibra, puede haber problemas de salud física y también de salud espiritual.

Al equilibrar los chakras, la persona se siente más relajada. Es un tratamiento para la mente, el cuerpo y el espíritu que ayuda a la gente a estar en sintonía con su ser completo. Reduce el estrés y la ansiedad, aumenta la productividad e incluso puede ayudar a curar la depresión. Algunos desequilibrios de chakras también pueden causar dolencias físicas como resfriados, gripes y problemas digestivos.

La siguiente lista proporciona ubicaciones generales de los chakras y con qué sistemas del cuerpo se relacionan, así como los síntomas de un chakra bloqueado.

৩৯ Chakra raíz

UBICACIÓN Base de la columna vertebral.

SISTEMAS MENTALES / CORPORALES Instinto de supervivencia, glándulas sexuales, limpieza/purga del cuerpo, relación con uno mismo.

LOS BLOQUEOS PUEDEN CAUSAR Disfunción sexual, falta de alegría en la vida, depresión, sensación de falta de fundamento.

৩৯ Chakra sacro

UBICACIÓN Pubis/vientre.

SISTEMAS MENTALES / CORPORALES Riñones, intestinos, sistema digestivo inferior, bazo, páncreas, relaciones con la gente.

LOS BLOQUEOS PUEDEN CAUSAR Úlceras, cambios de humor, problemas digestivos, incapacidad para comunicarse con los demás y para confiar en los instintos.

৩৯ Chakra del plexo solar

UBICACIÓN Justo debajo del músculo diafragma.

SISTEMAS MENTALES / CORPORALES Metabolismo, estómago, hígado, vesícula biliar, glándulas suprarrenales, sistema muscular, sensación de poder y voluntad.

LOS BLOQUEOS PUEDEN CAUSAR Descontrol de la potencia, adicción, inestabilidad emocional, desequilibrios en el hígado, la vesícula biliar o las glándulas suprarrenales.

৩৯ Chakra del corazón

UBICACIÓN Esternón.

SISTEMAS MENTALES / CORPORALES El corazón, el sistema circulatorio, la piel, el sistema inmunitario, el timo, el puente entre los seres superiores e inferiores, amor incondicional y divino.

LOS BLOQUEOS PUEDEN CAUSAR Trastornos circulatorios, disminución de las respuestas inmunitarias (enfermarse con frecuencia), incapacidad para establecer relaciones amorosas, incapacidad para expresar emociones, incapacidad para confiar en los demás, sensación de vergüenza.

Chakra de la garganta

UBICACIÓN Cuerdas vocales / voz.

SISTEMAS MENTALES / CORPORALES Sistema respiratorio, laringe, amígdalas, tiroides, expresiones de pensamientos y emociones, audición espiritual y psíquica.

LOS BLOQUEOS PUEDEN CAUSAR Ataques de pánico, hiperventilación, ataques de asma, hiperactividad, letargo, problemas de comunicación.

Chakra del tercer ojo

UBICACIÓN Ligeramente arriba y entre los ojos (centro de la frente).

SISTEMAS MENTALES / CORPORALES Glándula pineal, vista, sistema nervioso, vista psíquica, vista espiritual.

LOS BLOQUEOS PUEDEN CAUSAR Trastornos nerviosos, migraña, dolor de cabeza, incapacidad para ver la verdad sobre su vida.

Chakra de la corona

UBICACIÓN Parte superior de la cabeza (coronilla).

SISTEMAS MENTALES / CORPORALES Glándula pituitaria, hormonas, sistema inmunitario, conciencia superior, conexión espiritual directa con lo divino.

LOS BLOQUEOS PUEDEN CAUSAR Desequilibrios hormonales, falta de conexión con uno mismo, falta de sentido en la vida, sensación de abandono de los dioses y los espíritus.

CHAKRAS Y PIEDRAS

Una de las formas de tratar un desequilibrio en la energía de los chakras es usar gemas y cristales. Cada chakra tiene sus propios colores asociados. Esta energía de color también se encuentra en cristales con los colores correspondientes. Algunos cristales se usan más comúnmente que otros para el trabajo de chakras. Ahora que hemos entendido qué son los chakras y cómo interactúan y funcionan con el cuerpo, es hora de aprender qué piedras puedes usar para corregir los desequilibrios y optimizar tu salud.

 ## Chakra raíz

Color rojo
Piedra jaspe rojo o granate

 ## Chakra sacro

Color naranja
Piedra heliolita o cornalina

 ## Chakra del plexo solar

Color amarillo
Piedra citrino u ojo de tigre

 ## Chakra del corazón

Color verde
Piedra aventurina o esmeralda

 ## Chakra de la garganta

Color azul
Piedra lapislázuli o zafiro

 ## Chakra del tercer ojo

Color morado o índigo
Piedra amatista o charoita

 ## Chakra corona

Color morado o blanco
Piedra cuarzo blanco, ópalo
o diamante

Ritual para equilibrar los chakras

Éste es un ritual fácil que puedes realizar para equilibrar y limpiar tus chakras. Se hace mejor durante la luna menguante, porque la luna te ayudará así a eliminar o expulsar la energía que bloquea los chakras, con el fin de limpiarlos y recuperar o mantener la salud y el éxito. Para obtener mejores resultados, realiza el ritual una vez al mes de cara a mantener los chakras limpios y la energía fluyendo. Es una buena idea guardar los cristales utilizados para este ritual separados de las otras gemas con las que trabajas. Al estar separados, cada cristal acumulará energía relacionada con su chakra específico. Esto te permitirá crear siete poderosos encantamientos de cristal individuales para usar en cada chakra según sea necesario.

Materiales

Música instrumental suave

2 velas azules

1 vela blanca

Incienso de lavanda

1 piedra de cada una de las siguientes:

> Granate
> Cornalina
> Ojo de tigre
> Venturina
> Lapislázuli
> Amatista
> Cuarzo blanco

Ritual

Pon la música y enciende las dos velas azules. Mientras enciendes las velas, di:

> *Con el beneficio de esta luz,*
> *la curación llega esta noche.*

Enciende la vela blanca y di:

> *Por los poderes de la luz sagrada,*
> *concédeme una mirada sanadora.*

Enciende el incienso de lavanda.

Coloca los cristales en el suelo y siéntate. (La posición del loto es buena si te resulta cómoda. De lo contrario, cualquier posición confortable está bien). Una vez que estés cómodo, respira profundamente tres veces usando el método de cuatro tiempos: inspira contando hasta cuatro, aguanta el aire contando cuatro, exhala contando cuatro y mantén los pulmones vacíos mientras cuentas cuatro nuevamente. Cierra los ojos y concéntrate en la base de tu columna vertebral alrededor del coxis. Imagina una bola de luz girando en la base de la columna vertebral, conectada a la tierra, penetrando en ésta con un haz de luz.

Cuando sientas que dicho haz llega a lo más profundo de la tierra, observa la bola dividiéndose en dos haces diferentes. Son tus raíces. Ahora, con cada respiración, saca energía de la tierra a través de la raíz derecha. Con cada exhalación, empuja toda la negatividad a través de tu raíz izquierda. Una vez que veas ambas raíces vibrando con la energía de la tierra, estarás conectado a ella y tus raíces estarán firmemente establecidas.

Ahora es el momento de alinear, limpiar y abrir los chakras. Estás arraigado a la tierra de pies a cabeza. Cuando empieces a trabajar con los chakras, observa cómo la energía negativa fluye por la raíz izquierda y la energía vigorizante, que sana y limpia cada chakra, proviene de la raíz derecha. A partir de ahora puedes continuar con los ojos abiertos o cerrados. Depende de cómo lo visualices mejor.

Empieza con el granate para tu chakra raíz. Sostén el cristal en la zona del chakra. Siente cómo empieza a vibrar y a alinearse con el chakra. Visualiza el chakra como una bola de luz roja que gira en sentido horario. Observa si hay puntos oscuros o si el chakra gira lentamente. Concéntrate en eliminar esas áreas oscuras. Observa cómo el chakra gira más brillante y rápido a medida que se eliminan las manchas oscuras. Cuando se eliminen las manchas y el chakra se ponga de color rojo intenso y gire rápidamente, deja el granate de nuevo en el suelo y coge la cornalina.

Repite la visualización con el chakra sacro. Esta vez el chakra será naranja. Cuando sientas que está girando rápidamente con una luz anaranjada limpia, deja la cornalina en el suelo y coge el ojo de tigre.

Continúa con todas las piedras y, en el orden de los chakras, repite la visualización: ojo de tigre (amarillo), aventurina (verde), lapislázuli (azul), amatista (púrpura), cuarzo blanco (blanco).

Una vez tengas todos los chakras limpios, claros y brillantes, girando en el sentido de las agujas del reloj, mantén la imagen en su mente. Visualiza la luz de los chakras girando, interactuando y llenando todo tu cuerpo con su energía limpia. Siente que te vuelves más ligero y equilibrado. Cuando ya no puedas mantener la visualización, déjala sabiendo que tu cuerpo espiritual se ha convertido en tu cuerpo físico.

Pon las manos en el suelo y concentra cualquier exceso de energía en el suelo. Visualiza la energía que no necesitas metiéndose en la tierra y siendo reciclada para animales y plantas.

Luego apaga las velas y guarda los cristales.

Si te sientes mareado o aturdido, come algo ligero, como fruta. Eso te ayudará a aterrizar y te devolverá a la vida cotidiana. Repite estas frases tres veces:

Que mi cuerpo sea uno con el universo.

Que mi mente sea una con el universo.

Que mi alma se una con el universo.

Puedo ser completo y uno.

Después puedes concluir con:

Así sea.

Segunda parte

HECHIZOS
DE ESPÍRITU
Y ESPIRITUALIDAD

Capítulo 4

Disfruta mientras mejoras tu salud

RECARGA EL CUERPO, LA MENTE Y EL ALMA

Convivir con la magia es una parte integral de ser bruja. Desde hacer pócimas y brebajes hasta hacer hechizos para la salud y el bienestar, el ritual mágico es un componente esencial del arte de la brujería y juega un papel muy importante en la vida de la bruja. Cuando se trabaja en cualquier tipo de práctica ritual, se establece una conexión natural entre el mundo físico y el plano espiritual. La magia se produce cuando somos capaces de conectar con la fuerza creativa del universo y conseguimos que se implementen los cambios que requerimos en nuestras vidas. Desde cargar un amuleto para protección personal hasta poner una hojita de albahaca en la caja registradora de un negocio, pasando por la bendición de una humilde sopa de pollo, la magia tiene lugar continuamente en la vida de una bruja. La magia no es complicada. La verdad es que es de lo más sencillo, y cuando se practica con regularidad, es una eficaz herramienta para llevar una vida feliz, saludable y holística.

Magia práctica

VIVIENDO UNA VIDA MÁGICA

Todos los seres vivos del planeta, independientemente de su cuerpo físico, son energía pura y tienen un espíritu. Al conectarte a estas fuerzas energéticas, puedes hacer hechizos para casi cualquier necesidad. Una parte clave de muchos hechizos es la visualización. Las visualizaciones crean en el universo ondas que vuelven a ti y enfocan tu conciencia para hacer lo correcto. Es mejor concentrarse en un solo aspecto cada vez. Si intentas hacer demasiados hechizos al mismo tiempo, es probable que los resultados no sean eficaces; es posible que acabes con una sobrecarga de hechizos y que pierdas la concentración.

HECHIZOS PARA EL BIENESTAR

Para funcionar bien, es importante cuidar tanto del cuerpo físico como del bienestar mental. Los siguientes hechizos te ayudarán a pasar bien el día y te darán paz interior, sensación de claridad y resistencia para encajar el momento.

Hechizo de ducha diaria

Materiales

Agua

Jabón o gel de ducha

Champú y acondicionador

Ritual

Empieza la ducha con el agua tan caliente como puedas aguantar y métete. Deja que el agua corra sobre ti de pies a cabeza. Mientras te mojas, observa el agua que baja por el desagüe e imagínatela de color gris. Luego, visualiza cómo el agua elimina todas tus angustias y cualquier problema que hayas tenido el día anterior. Empieza a lavarte el pelo con champú. Visualiza el estrés y la ansiedad saliendo de tu cuerpo y entrando en las burbujas del champú.

Repite el proceso de visualización con el acondicionador. Coge el jabón o el gel de ducha y, empezando por la cara, lávate todo el cuerpo varias veces, limpiándote de la cabeza a los pies. Mientras sale la espuma, repite estas palabras varias veces:

Agua, agua, límpialo todo.
Agua, agua, limpia ahora.

Una vez estés limpio, enjuaga la espuma. Ésta absorberá tus problemas y los arrastrará por el desagüe. Enfría un poco la temperatura de la ducha y quédate unos minutos más en el agua refrescante. Cuando te sientas cómodamente limpio y fresco, sal y sécate con una toalla de arriba abajo mientras repites estas palabras:

Por la tierra en el jabón,
por el aire en el vapor,
por el fuego que calienta el agua,
por el agua que lava,
estoy limpio, puro y listo para el día.

Hechizo de amor propio

Materiales

Crema hidratante para después de la ducha

Cualquier producto de belleza que uses regularmente, como productos para el cuidado de la piel, maquillaje, polvos, cremas faciales y geles de afeitar (para hombres o mujeres)

Ritual

Es difícil para los demás amarte si no te amas a ti mismo primero. Siéntate en el suelo o en tu cama en una posición cómoda y rodéate de todos tus productos de belleza. Imagina que estos productos están cubiertos por una luz rosa. Lentamente, empieza a pasar las manos sobre tu cuerpo desde los pies hasta la cabeza. Mientras te conectas con tu cuerpo, empieza el canto:

Amor por dentro, amor por fuera,
me amo a mí mismo sin duda alguna.

En poco tiempo, empezarás a sentir que la luz rosa se convierte en parte de tu cuerpo. En este punto, empieza a aplicar la loción y repite el canto. Mientras aplicas la crema hidratante sobre tu piel, visualiza la luz rosa que ingresa a través de los poros. Cuando hayas cubierto el cuerpo de pies a cabeza, levántate y di en voz alta:

Soy amado.

Continúa preparándote para el día como lo harías normalmente. Si en algún momento después empiezas a sentirte menos seguro o un poco deprimido, usa la misma hidratante y repite el procedimiento anterior. Cualquiera de los otros productos cargados con el hechizo de luz rosa también se puede usar para hacerte sentir instantáneamente mejor contigo mismo.

Para mantener los elementos cargados, repite el hechizo una vez al mes, preferiblemente bajo la luna nueva para favorecer el crecimiento.

HECHIZOS PARA SANAR

Los siguientes conjuros se usan a nivel espiritual y energético para curar dolencias físicas. Estos hechizos usan hierbas con propiedades mágicas y medicinales.

Hechizo de la sopa de pollo

Materiales

2 tazas (300 g) de sopa de pollo (casera es mejor, pero puede ser de tetrabrick)

Olla pequeña

Sartén pequeña

½ diente de ajo, picado

1 cucharada de mantequilla o aceite de oliva

Ritual

Vierte la sopa en la olla y caliéntala hasta que hierva. Saltea ligeramente en una sartén pequeña el ajo picado en el aceite de oliva. Añade el ajo picado a la sopa.

Mientras se cuece, remueve la sopa y canta:

El resfriado, la gripe y las enfermedades se han ido.
El cuerpo está sano de ahora en adelante.

Hechizo de curación con muñequita

Materiales

2 trozos de papel

Tijeras

1 bolígrafo

1 vela azul

2 cucharadas de hojas de menta, frescas o secas (en una bolsita o sueltas)

2 cucharadas de romero fresco o seco, picado

2 cucharadas de hoja de ortiga fresca o seca, picada

Plato resistente al fuego para quemar la muñequita

Ritual

Coge los papeles y corta aproximadamente dos formas humanas idénticas. En una, escribe el nombre de la persona a la que deseas sanar. En la otra, escribe de qué necesita curarse. Coloca las dos muñecas de papel, una encima de la otra, con la parte escrita hacia arriba. Enciende la vela y usa la cera derretida para sellar los bordes de los dos trozos de papel, creando una sola muñeca. Sella todo el cuerpo excepto la cabeza. Déjala abierta con suficiente espacio para meter las hierbas.

Coloca las hierbas dentro de la muñequita, llenándola hasta que te sientas satisfecho. Recita:

Muñequita, yo te nombro,
(añade el nombre de la persona que necesita curación).

Sella la cabeza de la muñeca y sostenla sobre la vela. Visualiza la enfermedad o dolencia de la persona saliendo de su cuerpo. Concéntrate y siente una luz azul llenando a esa persona. Cuando ya no puedas aferrarte a la visualización, coloca la muñeca en el plato resistente al fuego y préndela. Mientras arde la muñeca, canta:

El fuego quema las enfermedades,
salud y bienestar aquí ahora.

Cuando el fuego se apague, saca las cenizas a la calle y sóplalas a los cuatro vientos. Entierra las sobras de las velas en una encrucijada de caminos o debajo de un pino.

HECHIZOS PARA LA LIMPIEZA

En muchas prácticas de curación espiritual, aprender a limpiar el cuerpo y la casa son habilidades rituales esenciales, ya que ayudan a eliminar la acumulación de energía negativa que se da en la vida diaria. Todo lo que hacemos genera energía. La limpieza de la energía de nuestros cuerpos y nuestras casas libera energía nociva y tóxica, permitiendo que sólo permanezca energía beneficiosa.

Ceremonia Kala

El primer ritual de limpieza que realizaremos se llama ceremonia Kala, un ritual de limpieza con luz. Viene de la tradición de brujería Feri, tal como la enseñaba el chamán estadounidense Victor Anderson y su mujer Cora Anderson.

Materiales

Agua

Vaso

Ritual

Vierte un poco de agua en un vaso y sostenlo delante de ti. Empieza a centrarte profundamente en todas las cosas que son estresantes y perturbadoras en tu vida, y permítete sentir todas las emociones que están unidas a estos problemas. Cuando tu concentración y emociones sean más intensas, ponlas en tu vientre. Fuerza las emociones hacia fuera y hacia el cristal con una gran bocanada de aire, casi como si estuvieras vomitando toda la negatividad que haya dentro de ti y proyectándola directamente en el vaso. Imagina la negatividad dentro del vaso transformándose en un huevo gris. Imagina que el huevo se disuelve en un arcoíris. Mira cómo el agua transforma la negatividad en una luz positiva. Una vez que veas el arcoíris de luz, bébete el agua. Siente el arcoíris de luz llenando todo tu cuerpo. Visualiza cómo elimina cualquier obstáculo en tu camino. Cuando te hayas bebido el agua, di este conjuro:

> *Por el poder de la luz del arco iris,*
> *toda negatividad, frustraciones y ansiedades*
> *son transformadas en energía positiva*
> *que puedo usar para mí mismo.*

Hechizo de incienso para limpiar la casa

Este hechizo es para un energético lavado de la casa. La mezcla a base de hierbas ayuda a eliminar la energía negativa y reemplazarla con energía positiva y bendiciones.

Materiales

¼ de taza (70 g) de sal marina (para absorber el calor)

Incensario o un plato resistente al fuego

1 varita de incienso o un cono o un disco de carbón

2 cucharadas de raíz de angélica molida

2 cucharadas de melisa molida

2 cucharadas de flores de saúco molidas

Bol pequeño

1 pluma

Ritual

Espolvorea una capa de sal en el fondo del incensario. Coloca cono de incienso sobre la sal y enciéndelo. Mientras el cono está chispeando, mezcla las hierbas en el bol para crear un incienso limpiador. Cuando el borde del cono esté rojo brillante, espolvorea encima lentamente la mezcla limpiadora. Recoge con cuidado el incensario o el plato y camina hacia la puerta principal. Mientras caminas, usa la pluma para arrastrar ligeramente el humo hacia la puerta. «Dibuja» un pentáculo (una estrella de cinco puntas, también conocida como pentagrama) sobre la puerta principal con el humo, usando la pluma. Mientras dibujas el pentáculo, recita:

Vete negatividad,
bendita sea esta casa aquí y ahora.

Camina pegado a las paredes de la habitación. A lo largo de cada ventana y puerta, dibuja un pentáculo recitando el canto. Cuando hayas completado el recibidor, repite el mismo proceso en cada habitación de la casa dibujando pentáculos y caminando cerca de las paredes. Deja para el final la sala de estar. Detente en el centro y dibuja un último pentáculo con el humo del incienso. Esta vez, visualiza el pentáculo crecer lo bastante grande como para rodear toda la casa. Pon el incensario y la pluma en el suelo. Písalo tres veces y di:

Por mi voluntad, así será.
Sellada está la limpieza.

Cuando el incienso deje de arder, el hechizo se habrá completado. Esparce los restos por la tierra en tu jardín, en el bosque o en un parque.

HECHIZOS PARA EL DINERO

Una de las fuentes más comunes de estrés en la vida moderna es el dinero. Necesitamos dinero para pagar las facturas, comer y vivir bajo un techo. Todos hemos tenido preocupaciones financieras en un momento u otro. Alguna gente lucha por conseguir suficiente dinero o no tienen trabajo. Otros se encuentran con gastos inesperados en sus vidas, como reparaciones en casa. Todos estos problemas causan estrés, y demasiado estrés provoca enfermedades.

Los siguientes hechizos te ayudarán a lograr un saldo bancario más saludable y mayor tranquilidad. Sin embargo, ten cuidado: hacer hechizos para el dinero sólo producirá lo que una persona realmente necesita, no lo que anhela. No te dejes arrastrar por la codicia.

Hechizo para llenar el monedero

Materiales

1 bolígrafo

1 vela verde

1 hoja de papel

5 monedas (4 euros y 1 moneda de 2 euros, por ejemplo)

5 monedas de plata bien hechas

Cinta verde delgada de 1 m (de las de envolver regalos)

Ritual

Usando el bolígrafo, escribe en la vela la palabra «dinero» y luego, usando el mismo bolígrafo, escribe la palabra «dinero» en el papel. Continúa escribiendo una lista de las cosas para las que necesitas el dinero, utilizando la mayor cantidad posible de detalles. Por ejemplo, si necesitas fondos para pagar las facturas, escribe claramente y en mayúsculas:

FACTURA DE GAS, FACTURA DE LUZ, DENTISTA,
LETRA DE LA HIPOTECA, y así sucesivamente.

Mientras escribes tus necesidades, pon tus emociones en el papel. Coloca las monedas sobre el papel y enciende la vela verde al lado. Recita este conjuro siete veces:

Como los árboles que crecen libres,
la prosperidad crecerá en mi casa.

Manteniendo las monedas dentro, empieza a doblar el papel con las monedas hasta que ya no puedas doblarlo más. Coge la cinta verde y envuelve el paquete con ella. Con cada tres vueltas de la cinta, gira el paquete hacia ti y repite estas palabras siete veces:

El dinero fluye libremente,
habrá prosperidad.
Las preocupaciones financieras desaparecen.

Cuando el paquete esté casi completamente cubierto con la cinta, usa lo que sobra para hacer un nudo. Echa cera derretida de la vela sobre el nudo para sellar el hechizo. Deja que la vela se queme completamente y entierra los resto en la base de un árbol cerca de tu hogar. Coloca el paquete en tu monedero, o llévalo en el bolsillo todos los días, hasta que te llegue dinero extra.

Si usas una falda o vestido, coge un imperdible y fija el paquetito en el interior de la falda o vestido. Mantén el paquete contigo hasta que se resuelvan los problemas de dinero. Luego vacía el paquete y entierra el papel con la cinta en una encrucijada o debajo de un árbol cerca de casa.

Hechizo de tisana para el dinero

Materiales

Cacerola llena de agua

Cuchillo afilado

1 vela verde

Copia de una factura de servicios o solicitud de empleo (de lo que represente una necesidad para ti en ese momento)

Mortero

¼ de cucharadita de manzanilla finamente picada, fresca o seca (de bolsita)

2 cucharaditas de canela molida

¼ de cucharadita de vara de oro picada, ya sea fresca o seca (en una bolsita)

Colador

Taza o bol

1 cucharada de azúcar

2 cucharaditas de miel

Porta velas

Ritual

Pon la cacerola de agua al fuego y deja que arranque a hervir. Mientras el agua se calienta, usa el cuchillo para escribir en la vela palabras que expresen tu intención («borrar deuda», «encontrar trabajo», «pagar facturas», etc.). Coloca la vela encima de una factura, solicitud de empleo o lo que sea que quieras.

Con el mortero y la mano del mortero, machaca las hierbas con una cucharadita de canela. Mientras las majas, visualiza tu estrés financiero desapareciendo y tu deseo materializándose. A medida que hierva el agua en el fuego, cárgala con imágenes de seguridad financiera y cómo serían las manifestaciones de prosperidad y éxito. Visualiza una luz verde y naranja fluyendo en el agua.

Pon las hierbas mezcladas en el agua hirviendo. Déjalas cocer a fuego lento durante unos minutos. Retira la olla del fuego y deja enfriar. Cuando esté lo suficientemente frío, sumerge el dedo en la decocción y unge la vela ya apagada. La vela debe estar apagada sobre la factura o el papel. Repite este conjuro cinco veces:

El dinero fluye libremente,
el dinero viene a mí.

Levanta la vela y frótala varias veces de abajo arriba con la mano. Cuela las hierbas en una taza y luego mezcla una cucharadita de canela con el azúcar y la miel. Repite el conjuro cinco veces más mientras remueves la infusión en el sentido de las agujas del reloj. Cuando hayas terminado, frota la vela con la miel restante de abajo arriba. Cuando la vela haya sido completamente ungida con la miel, rebózala en la canela y el azúcar restantes. A continuación, coloca la vela en un soporte y enciéndela. Toma un sorbo de infusión y luego di este conjuro:

Tisana de dinero, yo te bebo.
Habrá prosperidad.

Bébete la tisana. Cuando la vela se haya consumido, recoge la cera y las hierbas coladas de la tisana y entiérralas en una encrucijada. Si no hay ninguna encrucijada cerca, se acepta un lugar de tu propiedad o un terreno. Puedes tirarlas a la basura, pero en ese caso recita una oración o un mantra, de modo que tu intención vaya a todas partes.

HECHIZOS PARA EL AMOR

Está en la naturaleza humana anhelar amor, que es una de las fuerzas más poderosas del universo. La energía que emitimos cuando proyectamos amor puede lograr muchas cosas, como por ejemplo aliviar la depresión, la ira, la ansiedad, etc. Cuando sabemos que los que nos rodean nos quieren, nos sentimos fuertes y percibimos una sensación de comodidad que puede ayudarnos a sentirnos seguros y en paz con el mundo.

El amor proviene de lo más profundo de nuestro núcleo y en muchos casos no tenemos control sobre a quién amamos ni con qué profundidad nos dedicamos a ciertos individuos. Esta falta de control suele llevarnos a relaciones que no son necesariamente adecuadas para nuestro bienestar pero que nos ayudan a crecer y desarrollarnos espiritualmente. Las brujas creen que el universo predetermina la gente a la que conoces en la vida. Aprendemos algo de cada persona que conocemos a lo largo de nuestro viaje. Incluso los asuntos amorosos más difíciles nos enseñarán algo, por pequeño que sea, y nos darán a conocer una lección para mejorar nuestras situaciones más adelante.

Los hechizos de amor tienen sus propias reglas y normativas, y algo fundamental que debes recordar es que nunca hay meterse con el libre albedrío de otra persona. Tener esta regla firmemente establecida en nuestras mentes nos facilita saber si estamos pasando por encima de la línea de lo moralmente correcto o no. Es perfectamente lícito hacer hechizos para el bienestar de alguien que amamos o para buscar un nuevo romance, pero nunca para manipular a una persona y atraerla contra su voluntad. No sólo no es ético, sino que puede tener consecuencias desastrosas y puede que más adelante nos arrepintamos amargamente de haber atraído a esa persona.

El dulce hechizo «Fíjate en mí»

Este hechizo de amor permanece dentro de los límites de la ética porque únicamente se trata de conseguir que alguien que te interesa repare en tu existencia, que se fije en ti. No estás interfiriendo con el libre albedrío de otro, sólo estás implantando una idea y una imagen tuya en su mente para que él o ella puedan decidir y actuar en consecuencia. Para ello, necesitarás tener una persona específica en la mente, así que antes de empezar el hechizo, concéntrate en la persona que te gusta durante unos minutos. Si tienes una foto, aún mejor.

Materiales

Cuchillo afilado (también se puede usar un clip para papel o punta de boli)

1 vela roja

1 plato pequeño

1 a 2 cucharadas de clavo molido

1 a 2 cucharadas de nuez moscada molida

1 a 2 cucharadas de azúcar

1 bol pequeño

Ritual

Durante unos cinco minutos, siéntate en silencio en una silla cómoda y visualízate junto con la persona que te gusta. Imagina que estáis sentados uno frente al otro. Con el cuchillo (o clip o punta de boli), inscribe tu nombre en la vela junto con las palabras «trae amor». Coloca la vela en el centro del plato y enciéndela.

Mezcla las especias en el bol, removiendo con ganas. Espolvorea la mezcla en un círculo alrededor de la base de la vela y di estas palabras siete veces:

En tu mente sólo me ves a mí.
Si el amor ha de ser, tu voluntad será libre.

Mientras la vela se apaga, visualízate iluminado por una luz roja y rosa. Imagínate siendo querido, imagina a quien te gusta enamorado de ti. Deja que la vela se derrita hasta el final. Si la persona que te gusta está dispuesta a relacionarse contigo, te contactará en el plazo de una semana a partir del día en que hiciste el hechizo. Si no... ¡esa persona no es para ti!

Hechizo de la conchita de amor

El siguiente hechizo sirve para atraer un nuevo amor, una nueva aventura apasionada y romántica. Si se hace correctamente, encontrarás una relación larga y duradera con alguien que te querrá por lo que realmente eres.

Materiales

2 conchitas de almejas o de berberechos del mismo tamaño

1 bol pequeño

Agua

1 toalla pequeña

1 cucharadita de pétalos de rosas rojas secas

1 cucharadita de lavanda seca

½ cucharadita de jengibre molido

1¼ de cucharadita de ginseng molido

1 vela rosa

Cinta roja de 50 cm (de las de envolver regalos) o hilo rojo

Ritual

Ve a la playa con marea baja y busca dos conchas de aproximadamente el mismo tamaño. Si no estás cerca de la playa, puedes comprarlas o incluso usar conchas de las almejas o berberechos que comes en casa. Cuando tengas tus conchitas, lávalas ligeramente. Colócalas en un bol pequeño con agua. Mientras se remojan, visualízalas iluminadas por una luz pura y blanca. Mientras las secas con la toalla, visualízate a ti mismo rodeado de luz roja. Mezcla todos los pétalos secos con las hierbas y luego espolvoréalos uniformemente sobre las conchitas secas.

Coloca la vela entre las dos conchitas, enciéndela y recita esta invocación doce veces:

*Las pasiones del fuego me traen
a alguien que me quiere por completo.*

Con mucho cuidado, vierte cera derretida por el borde de las conchas y presiónalas unidas entre sí hasta que la cera se haya secado. Ata la cinta alrededor de las conchitas y asegúralas con un nudo. Pon las conchas al lado de la vela y deja que la vela se consuma por completo. Lleva este amuleto contigo en todo momento hasta conseguir un nuevo amor. Una vez encontrado, abre el amuleto y devuelve las conchas al mar. Si las compraste, cuando el hechizo se haya cumplido, machácalas y espolvoréalas alrededor de un árbol cerca de tu casa o en una encrucijada. Esto asegura que el amor tenga una base sólida y duradera.

Amarre para reconectar con alguien

Este hechizo es ideal para reconectar con gente con quien has perdido contacto. También sirve para reavivar las llamas de un viejo amor, romántico o de otro tipo.

Materiales

Fotografía de la persona que quieres que vuelva

1 lápiz rojo

Cinta amarilla de 50 cm

Ritual

En el reverso de la fotografía, escribe «Que vuelva» con un lápiz rojo, y luego recita este conjuro:

Por caminos compartidos,

dos corazones divididos

ahora se unen.

Ahora coge la cinta y enróllala alrededor de la foto. Con cada vuelta ata un nudo (el nudo debe estar en la parte frontal de la foto, encima de la persona que te interesa). Tras cada nudo, canta una línea del conjuro siguiente, siguiendo el orden, hasta un total de nueve nudos.

Con la primera vuelta el hechizo comienza (nudo).

Con la segunda vuelta nuestra relación se renueva (nudo).

Con la tercera vuelta así debe ser (nudo).

Con la cuarta vuelta se acaba la distancia (nudo).

Con la quinta vuelta este hechizo la revive (nudo).

Con la sexta vuelta este conjuro la fija (nudo).

Con la séptima vuelta el hechizo llega al cielo (nudo).

Con la octava vuelta creo este destino (nudo).

Con la novena vuelta nuestro amor es perfecto (nudo).

Lleva el hechizo contigo hasta que la persona que extrañas vuelva a tu lado.

HECHIZOS DE PROTECCIÓN

Hay momentos en que es necesario que nos protejamos mágicamente. Los hechizos siguientes funcionarán básicamente para cualquier tipo de protección, ya sea un viaje seguro, protección para el hogar, protección contra ataques psíquicos o protección general cuando estás fuera de casa.

Protección de sal negra para el hogar

Materiales

2 a 3 discos de carbón (los discos para quemar incienso funcionan bien)

Mortero

2 tazas (550 g) de sal marina

½ taza (aproximadamente 20 hojas) de salvia blanca

¼ de taza (o una raíz grande) de raíz de galanga picada

¼ de taza (25 g) de uva de oso (*Arctostaphylos uva-ursi*)

2 cucharadas de granos de pimienta negra

Ritual

Coloca el carbón en el mortero y machácalo con la mano del mortero. Si es demasiado duro, añade un poco de agua. Esto suavizará el carbón, lo que facilitará la molienda. Incorpora los otros ingredientes y maja bien hasta conseguir un polvo que parezca sal negra. Espolvorea la mezcla en todos los alféizares de tus ventanas y luego en los umbrales de las puertas, mientras visualizas un gran escudo sobre tu casa. Espolvorea también cada esquina de cada habitación. Siente que la casa está protegida por un campo energético. A medida que avanzas, murmura este conjuro en cada habitación:

La protección viene de esta manera.
Todo lo malo desaparece ahora.

Repite una vez al mes, barriendo la sal anterior antes de echar una remesa nueva.

Encantamiento de bolsillo con ónix

Materiales

¼ de cucharadita de polvo de sangre de dragón (es un tipo de resina roja molida hecha de varias plantas diferentes; está disponible en tiendas esotéricas u online)

1 ónix pequeño

Ritual

Espolvorea el polvo de sangre de dragón sobre el ónix. Visualiza la energía de la sangre de dragón cargando la piedra. Sostén la piedra en tus manos y siente un escudo rodeándote. Repite este conjuro tres veces:

Piedra de negro brillante,
protégeme de cualquier ataque.

Para una protección completa, lleva el ónix cargado en el bolsillo.

HECHIZOS DE DESARROLLO PSÍQUICO

El poder de la mente es importante en la magia y la brujería. Los siguientes hechizos están diseñados para ayudar a desarrollar tu fuerza psíquica. Al hacer esto, puedes entrar en sintonía con tu ser completo: mente, cuerpo y alma.

Hechizo para sueños lúcidos

Materiales

1 amatista pequeña

8 a 9 gotas de aceite esencial de lavanda

Ritual

Echa las gotas de aceite de lavanda formando un pentáculo sobre la amatista. Mientras dibujas el pentáculo, recita este conjuro:

Habilidades psíquicas que fluyen libremente,
visión psíquica, ven a mí.

Añade unas gotas de aceite en tu dedo y dibújate un pentáculo en la frente. (Asegúrate de no tener alergia al aceite antes de comenzar este proceso). Repite el conjuro. El cristal ahora se cargará. Por la noche, pon el cristal debajo de la almohada para ayudarte a desarrollar las habilidades psíquicas y abrir tu mente a los sueños lúcidos.

Agua cristalina para despejar la mente

Materiales

1 piedra de cada una de las siguientes:
    Sodalita
    Lapislázuli
    Cuarzo blanco

1 vaso transparente

Agua mineral, suficiente para llenar el vaso

Pulverizador

Ritual

Mantén las piedras en la mano sintiendo tu energía combinándose con la energía de las piedras. Coloca las piedras en el fondo del vaso transparente y añade el agua mineral. Pon las manos sobre el agua cristalina y recita este conjuro cinco veces:

Los pensamientos nublados se van corriendo.
Los cristales fortalecen la claridad.
Fuerza mental, ven a mí.

Coloca el vaso al sol durante tres horas, ya sea en el exterior o en un alféizar soleado. Luego retira las gemas. Vierte el agua cargada en el pulverizador. Rocía el agua sobre tu tercer ojo (centro de la frente) y en las sienes. Esto te dará claridad mental. Guarda la botella en un lugar fresco y oscuro para que puedas usarlo en el futuro.

Oraciones y refranes inspiradores

Como dijimos precedentemente en este capítulo, el hechizo es sólo una de las herramientas mágicas en el kit de herramientas de una bruja. Aquellos que practican la espiritualidad mágica hacen lo mismo que cualquier otra persona que sigue una fe: usan el ritual y la oración como herramientas para lidiar con los problemas de la vida. Nos gustaría agradecer a nuestros amigos online por permitirnos compartir aquí sus palabras, oraciones y conjuros que han empoderado e inspirado a gente todo el mundo.

Las oraciones expresan deseos y peticiones para conseguir un cambio o cubrir necesidades, las cuales que se expresan sin ninguna acción ritual directa. Los conjuros son también oraciones con peticiones, pero acompañados de actos propiciatorios para conseguir lo que se quiere (como escribir un nombre en una vela, atar nudos, etc.). Puedes terminar una oración o un conjuro con la misma expresión: «Así sea» o «Amén».

Angel Greer

Por el amor de Hécate, Señora de la Oscuridad y protectora de sus hijos, que encuentres alivio para tus dolencias en sus bendiciones.

Tal como lo digo, así sea.

Yvonne Beaver

Todos tenemos un don en la vida. Mis dones son el amor por la vida y ser positiva. ¡Descubre tu don y mantente positivo! Puede ser tan simple como hacer galletas o repartir sonrisas. No tiene que ser una gran cosa, sólo algo que haces bien y con amor.

Ginger Burkey

Mi conjuro favorito es el que he hecho últimamente: uno de positividad muy sencillo. Fue por mi trabajo en un restaurante; el ambiente en la cocina era horrible, los empleados no estábamos unidos.

Compré un frasco de vidrio y lo llené con pétalos de flores secas de un ramo de flores que yo misma me regalé para la cocina (amor), añadí lavanda (paz), canela (pasión) y puse algo de cada uno de nosotros en el frasco. Entonces recité:

Diosa, por favor, elimina la negatividad de nuestra cocina.
¡Cámbiala por positividad, amor y trabajo en equipo! ¡Amén!

Lo repetí tres veces. ¡Ha funcionado increíblemente! Cuando tenemos un nuevo empleado, incorporo algo suyo al frasco de positividad y repito el conjuro.

Liz Carney

Pertenecemos a muchos caminos paganos diferentes, pero compartimos el amor y la luz. Sin juzgarnos, juntos formamos una familia con nuestro propio viaje de descubrimiento.

Kenya Coviak

Este conjuro se llama Rogativa Defensiva de la Bruja. Es un conjuro para apelar a la justicia o defenderse de una maldición o de las malas lenguas.

En alas negras, encierro mi alma,
para volar al sitio de los justos.
Dardos y lanzas, suplico,
y ojos temibles queman el polvo y la turba.
Un brazo, una espada, un chorro de sangre,
un fuego de dolor y protección,
llueve sobre mis escudos de ébano.
Los destellos de rubí de la forja,
derramo sobre la fría piedra.
Mi arma, mi torre, mi escalera,
mis almenas gritando rabia.
Huestes de cosas que muerden y rasgan,
no romperéis estos muros mortales.
Tu maldición se rompe y arde brillante.
Invoco la ley de defensa mía,
y devuelvo diez veces tu plaga.

Leanna Greenaway

Mira siempre la luna, porque una verdadera bruja sabe exactamente cuándo es el momento adecuado para hacer hechizos.

Bronwyn Le Fae

Siempre he sido una persona entregada a la gente, a toda la gente. Me siento inspirada todos los días, y si realmente nos fijamos, muchos de nosotros estamos extraordinariamente vivos por dentro. Veo empatía en todos los ámbitos de la vida. Tengo muchas palabras sin voz para la gente y para nuestra vida salvaje. Nuestro planeta grita a los guardianes que se levanten para sanar y limpiar las aguas y la tierra. Tengo esperanza para la raza humana. Todavía creo que mi corazón late con el ritmo de la vida.

Karen Kasinskas

He llevado mi conocimiento en una nueva dirección... ¡Facebook! Mi objetivo es llegar al mayor número de personas posible y difundir la alegría y el amor de ser wiccanos y paganos. ¡Estoy realmente bendecida por todas las personas que hay en mi vida! Algunos tienen ideas afines, y aunque soy una anciana, sigo aprendiendo... El mejor consejo que doy a las personas que lo pasan mal es que entiendan que sólo es un sentimiento que pasará. Mañana será otro día, un nuevo comienzo.

> Abrazo a la Madre Tierra de todo corazón,
> el amor camina por el bosque y por la meditación,
> porque la conexión con la Madre Tierra es imprescindible.
> Sólo sé que naciste con potencial,
> naciste con bondad y confianza,
> naciste con ideales y sueños,
> naciste con grandeza,
> naciste con alas.
> No estabas destinado a reptar, así que no lo hagas.
> Tienes alas, aprende a usarlas y a volar.
> No te preguntes qué necesita el mundo,
> pregúntate qué te hace cobrar vida,
> y luego ve y hazlo.
> Porque lo que el mundo necesita
> son personas realmente vivas.
> Bendito seas.

Jamie Mendez

Hay una antigua magia dentro de ti que está a la espera de estallar. Elimina las creencias llenas de limitaciones que te ha impuesto el mundo y observa cómo brilla tu magia mientras tu ser salvaje y desenfrenado se despierta.

Ceane O'Hanlon-Lincoln

Hace años, escribí el credo de mi propia vida: «Los pensamientos son varitas mágicas lo bastante potentes como para que suceda cualquier cosa, ¡todo lo que queramos! Empuña tu varita como un hada madrina. ¡Tienes el poder! ¡Siempre has tenido el poder! ¡Piensa en lo que quieres y se manifestará, porque la verdadera magia es creer en ti mismo!».

Cary Pizarro

El espíritu me ayuda a superar mis tribulaciones, me ayuda a recorrer mi camino con honor, me ayuda a vivir en la verdad, me da fuerzas para verme a través de mi dolor. El amor del espíritu me recuerda que no estoy sola; en mi tristeza siento el abrazo de la Diosa Gaya, que me ofrece sus recompensas en forma de protección y sustancia. El universo me saluda con las fases de la luna para trabajar mi magia.

Angela Scheppler Whiteman

Ésta es una oración de curación con todo incluido:

Hermanas, despertad, ya es hora de acabar con el descanso.
Una por una, contactad con aquellos en quienes confiáis.
Hermanas en una, surgid del polvo,
llegad juntas para formar una sola,
porque hay mucho por hacer.
Bendita Diosa, escucha mi súplica,
llena de amor y honor. Que así sea.

Sherry Tapke

Ésta es una afirmación y oración diaria para que tu ser superior sea lo mejor posible:

Estoy al servicio de la luz.

Mi cerebro controla mi cuerpo y yo controlo mi cerebro.

Mi cuerpo está sano, joven y libre de enfermedades.

Como lo digo, así será.

Sheila Sager

Hechizo de protección para un policía de turno:

Traza un pentáculo en el capó de su coche patrulla mientras recitas el conjuro:

Mientras dibujo este pentáculo,

invoco la tierra, el fuego, el agua y el aire.

Protege este vehículo y su contenido,

desde el comienzo del turno

hasta el final del servicio.

Robert Vilches

En la vida siempre habrá tragedias, caos y desafíos. Lo que tenemos que hacer es equilibrar lo negativo y encontrar la parte positiva en todas las situaciones. Cambia el mundo viviendo con amor, incondicionalmente. Abraza la evolución.

Dru Ann Welch

Una oración para la sanación y limpieza personal diaria:

> Soy un recipiente de curación.
>
> Estoy centrada en el espacio de mi corazón.
>
> Cada vez que respiro, me lleno de luz dorada y curativa.
>
> Una luz tan brillante como el sol
>
> llena todo mi ser, trayendo curación a cada célula.
>
> Con cada respiración, libero toda la oscuridad
>
> y todo lo que ya no me sirve.
>
> Amén.

Lashette Williams

Repito este conjuro una y otra vez mientras me arreglo los rizos:

> Eliminar obstáculos, descartar todo lo malo,
>
> desenredo mis pensamientos para tener un buen día.

Heidi Wolfson

Creo firmemente que creamos nuestra propia realidad y lo que mandas al universo es lo que luego recibes. Por lo tanto, el pensamiento, el acto, el hecho y la intención son los que hacen que la magia cobre vida. Somos los vasos que mantienen vivo el poder. La magia nos atraviesa como el aire que respiramos. Es consciente y, como resultado, nuestra motivación es lo que crea nuestra realidad.

Tracie (Sabia) Wood

Ésta es una oración simple de limpieza y protección para la casa:

Ataque, desaparece, ataque fuera,
en esta tierra no tienes influencia.
A los que buscan dañar,
invoco a la Diosa para que los desarme.
Por el poder de Kali y la poderosa Hécate,
torres de acero y escudo de fuerza sea,
mantenedme a salvo y protegida.
Ningún daño, ninguna falta, ningún mal ganará,
las mareas se volverán contra el enemigo.
El viento se lo llevará todo, lo sé,
Mantenme a salvo de ellos.
Como yo lo diga, así será.

Shawn Robbins

Eres hijo del destino, una estrella brillante
en el universo que ilumina el camino para los demás.

Charity Bedell

Puedes hacer tu sueño realidad.
Tienes la fuerza y el poder dentro de ti.
Usa el poder de tus sueños para hacer magia
y manifestar tu realidad. El poder es tuyo.

Cree.
Amén.

Capítulo 5

Velas curativas, fuego sagrado

VELAS MÁGICAS,
RITUALES Y HECHIZOS

Los wiccanos sabemos que las velas son uno de los objetos más poderosos en la caja de herramientas de una bruja. Encender una vela al tiempo que se recita un conjuro o se repite un mantra para la iluminación, empoderamiento y bienestar es uno de sus usos más habituales. Las velas también tienen la capacidad de mantener alejada la energía negativa y atraer energía positiva a la vida de una persona. Aprender cómo aprovechar el misterioso poder mágico de las velas –y creyendo en la magia que reside en tu interior y en tu capacidad para transformar el mundo que te rodea en algo mejor– podemos hacer nuestras vidas más ricas, plenas y satisfactorias.

LA VELA MÁGICA

El primer hechizo que hace prácticamente todo el mundo (al menos los occidentales desde su primer año de vida) es el que hacemos anualmente con el pastel de cumpleaños. Alguien hornea o compra con todo su amor una tarta y le coloca encima tantas velas como años cumple el protagonista de la fiesta.

Las velas tienen que estar encendidas y el protagonista cierra los ojos y piensa un deseo, en silencio, sin comunicarlo, antes de soplarlas y apagarlas todas. Mucha gente cree que esta tradición se remonta a los tiempos antiguos y paganos. Nuestros cumpleaños se consideran de suma importancia, ya que marcan nuestra entrada en este mundo. Eso lo convierte en un día mágico. Las velas en el pastel tienen una gran fuerza y poder, y una vez apagadas, el deseo se transporta a través del humo y es enviado directamente a los dioses. Los dioses, a su vez, reciben el mensaje y conceden el deseo.

Las velas son parte integral de los hechizos. Si eres nuevo en la magia, los hechizos con velas son probablemente la mejor manera de iniciarse. La mayoría de nosotros tenemos velas guardadas en un armario y mucha gente suele encender una por la noche, mientras cena o se relaja viendo la tele. Pero de lo que mucha gente no se da cuenta es que una vela simboliza los elementos de la tierra, el aire, el agua y el fuego (la tierra está representada por la cera antes de que se queme, el aire por el humo de la vela encendida, el agua por la cera derretida y el fuego por la llama), y si quieres lanzar un deseo al universo, todo lo que necesitas es el fuego y el espíritu para hacerlo realidad.

Tanto si elijes hacer magia de la manera tradicional o con un enfoque más moderno, la mayoría de los sortilegios funcionan mejor con una vela a mano. Lo más importante es entender cómo funciona la magia de la vela y en qué cosas puede influir en el hechizo y hacerlo exitoso.

Con cualquier tipo de magia, debes asegurarte, para empezar, de estar en el estado de ánimo correcto. Si estás de mal humor, te sientes infeliz o estás enfermo, entonces un sortilegio puede dar el resultado contrario.

En la mayoría de los rituales con velas, es mejor dejar que la vela se queme sola y por completo. Únicamente cuando la vela se haya apagado por sí sola, el hechizo estará completo. Hay sortilegios en circulación que requieren que se apague la llama después de un tiempo de combustión específico y luego la vuelvas a encender en otro momento, pero en la mayoría de los rituales si apagas la vela el hechizo se pierde.

Por razones de seguridad, por supuesto, nunca debes dejar una vela sin supervisión e irte a la cama o meterte en otra habitación, así que es importante elegir el tamaño y la forma adecuados para que tengan un tiempo de combustión razonable. Las velas altas y cónicas pueden tardar hasta nueve horas en quemarse, mientras que las velas grandes y rechonchas pueden llevar días. Generalmente tiene más sentido usar una vela de té o una vela pequeñita y delgada, con un tiempo de combustión de tres a cuatro horas. De este modo los hechizos tienen una cantidad de tiempo decente para hacerse a fuego lento sin tenerte esclavizado todo el día. Las variedades más pequeñas se pueden encontrar fácilmente en bazares chinos o las puedes comprar por Internet.

Colores de velas y sus correspondencias mágicas

Una de las partes más importantes de la magia de las velas consiste en usar la vela correcta, ya que el color marcará la diferencia en el resultado. Algunos hechizos son muy rígidos y requieren imperativamente de un color o de tono de color muy preciso, mientras que otros son más flexibles. Si tienes dudas sobre qué color usar, utiliza una vela blanca. Éste es un color neutro y puro que puede usarse cuando no estás seguro de qué color sería el mejor para un sortilegio o si no tienes la vela de color especificado en el hechizo. A continuación se incluye una lista de los colores principales de las velas y sus correspondencias:

BLANCO

Limpieza de casas

Purificación de espacios

Crear armonía

Invocar espíritus

Mejorar la comunicación
con los demás

Invocar guías y ángeles

Para cualquier situación

AZUL

Promover un sueño
reparador

Averiguar la verdad

Adquirir sabiduría y
conocimiento

Invocar visiones psíquicas

Calmar emociones

Suprimir la ira

Ayudar a la meditación

Cambiar de casa

Ser más paciente

Curar la fiebre

Mejorar la comprensión

Protección

ROJO

Conseguir fuerza y vigor

Energía rejuvenecedora
y resistencia

Conjurar la fuerza de
voluntad

Invocar coraje

Incitación a la pasión
y al amor sexual

Encender el entusiasmo

Resultados rápidos

Alejar a los enemigos

Ser más atractivo para los
demás

ROSA

Sanar las emociones

Atraer el amor
y el romance

Volverse más cariñoso

Invitar a la paz
y la tranquilidad

Desterrar el egoísmo

Proteger familiares
y amistades

Invocar curación espiritual

Ser más compasivo

VERDE

Acumular dinero y riqueza

Promover la prosperidad y
la abundancia

Cumplir objetivos

Crecimiento de plantas

Atraer la suerte

Negociar asuntos
laborales y encontrar
nuevos empleos

Acelerar la concepción
y resolver problemas
de fertilidad

Expulsar la codicia
y el resentimiento

AMARILLO

Actividad creciente

Resolver asuntos de salud

Fomentar la creatividad
y la imaginación

Aprobar exámenes y
aprender

Ayudar a la concentración

Controlar los cambios
de humor

Protección en los viajes

Persuasión

Curación de problemas asociados con la cabeza

NARANJA

Incremento de energía y resistencia

Mejorar la mente y la memoria

Promover el éxito y la suerte

Desarrollo de negocios y carreras

Aclarar asuntos legales y justicia

Venta de bienes o casas

Captura de ladrones o recuperación de objetos perdidos

Eliminar el miedo

MORADO

Invocar ayuda espiritual

Traer paz, tranquilidad y armonía

Mejorar la capacidad psíquica

Proyección astral

Curación

Aliviar la tristeza

Mejorar la energía masculina

MARRÓN

Sintonía con la naturaleza

Promover la concentración

Ayudar con la toma de decisiones

Proteger animales

Amplificar la asertividad

Ayudar a amistades

Atraer ganancias materiales

Ganar estabilidad mental

Conectar con la Madre Naturaleza

Estudiar y aprender

PLATA

Invocar a la Diosa Madre

Conectar con la luna

Conectar con animales lunares

Purificar la energía femenina

Mejorar las habilidades psíquicas

Ayudar a la clarividencia y la mente inconsciente

Limpiar la negatividad

Desarrollar la intuición

Interpretar mensajes en sueños

Desterrar los malos hábitos

ORO

Curar y mejorar el bienestar

Rejuvenecer

Mejorar la inteligencia

Atraer ganancias financieras y riqueza

Ganar concursos

Atraer amor y felicidad

Mantener la paz en la familia

Ordenamiento cósmico

NEGRO

Protección

Fuerza

Desterrar algo

Proteger inversiones

Romper maleficios

Saber elegir y limpiar las velas

Es importante que desinfectes mágicamente tus velas antes de usarlas. La mayoría de las velas se producen en masa en todo el mundo, a menudo en condiciones poco adecuadas, y como la cera es un recipiente para la energía, cada persona que entra en contacto con una vela, ya sea el fabricante o quien la mete en una caja, habrá dejado parte de su energía en la cera. Si te apetece, sería mejor hacer tus propias velas desde cero, pero pocos de nosotros tenemos el tiempo y el equipo para hacerlo. Las velas compradas en la tienda son perfectamente aceptables, pero trata de evitar las que están teñidas, es decir, que el fabricante sumergió una vela blanca en cera de color. Estas velas están bien para decorar la casa o para dar un toque romántico, pero si es con fines mágicos, lo mejor es usar velas macizas, del mismo color por dentro y por fuera.

Hay muchas maneras de limpiar las velas antes de un hechizo, pero tienes que encontrar un método que se adapte a ti. Algunas personas disfrutan de una ceremonia prolongada de limpieza de velas e incluso dejan su vela fuera de casa durante una semana, en el jardín o la terraza, para que absorba los rayos de la luna. Otras prefieren el mínimo esfuerzo. Aquí ponemos un ejemplo de limpieza, a medio camino entre los grandes rituales y lo mínimo aceptable, que funciona perfectamente bien. El término que usamos para esta limpieza se llama unción, e involucra agua y aceites para preparar la vela antes del ritual.

Paso 1: Limpieza

Limpia la cera con un papel de cocina, eliminando todo rastro de suciedad.

Paso 2: Preparar una solución

Compra una botella pequeña de agua mineral y viértela en una cacerola. Añade una cucharadita de sal marina y calienta hasta que la sal se disuelva. Deja que se enfríe el agua antes de volver a meterla en la botella. Puedes conservar esta agua en la nevera durante aproximadamente un mes para usarla en futuras preparaciones.

Paso 3: Intención

Delante del fregadero, sostén la vela con la mano izquierda lo más cerca posible del corazón. Teniendo cuidado de no mojar la mecha, vierte un poco de la solución de agua salina sobre la vela. Si estás usando una vela de té, retira la vela de su latita antes de limpiarla con agua. Coge un papel de cocina y sécala bien mientras dices la siguiente invocación:

Esta agua mágica te limpia
con buena intención y pureza.

Paso 4: Inscripción

Con un cuchillo pequeño y afilado o una aguja gruesa, raspa tu nombre completo y un deseo en la cera, por ejemplo: «Jane Brown, para perder peso». No importa dónde inscribas las palabras en la vela, ni siquiera es importante que sea perfectamente legible. Una vez se encienda la vela, estas palabras se quemarán dando al hechizo más influencia.

Paso 5: Unción

Vierte un poco de aceite puro (del mismo con el que cocinas) en un bol pequeño o en una huevera. El aceite vegetal se usa como base para la mayoría de las unciones, pero para los hechizos relacionados con la salud, puedes mezclar algunas gotas de otros aceites si quieres. La lavanda se usa a menudo en hechizos de curación e intensificará la magia aún más. Sostén la vela en tu mano izquierda nuevamente. Sumerge un dedo de la mano derecha en el aceite y pásalo por la vela de arriba abajo en línea recta. Para ungir una vela de té, vuelve a colocarla en su latita, sumerge el dedo en el aceite y frótalo con movimientos circulares alrededor de la parte superior de la vela. Di este conjuro:

Este aceite mágico te unge,
con todo lo bueno, mágicamente.

La vela ahora está limpia, cargada y lista para colocarla en un soporte adecuado y preparar tu hechizo.

Paso 6: Rima y repetición

Una forma de añadir fuerza a un hechizo es repitiendo el encantamiento una y otra vez. Los hechizos prescritos, tanto antiguos como modernos, riman con algún tipo de fluidez poética. Como mencionamos precedentemente, decir un conjuro repetidamente ayuda a hacer cumplir el hechizo, dándole más poder cada vez que se pronuncia. En general, un conjuro se recita no menos de tres veces seguidas. En ocasiones se repiten más, por ejemplo siete, nueve o incluso doce veces. Éstos se consideran números más mágicos y representan la finalización.

Paso 7: Poner fin al hechizo

Tras repetir el hechizo la cantidad de veces necesaria, deberás cerrar el ritual. Elige una de las frases siguientes para pronunciar antes de mirar hacia arriba y dar las gracias.

Y así sea.
El hechizo está cumplido.
Amén.

PREPARACIÓN
Centrarse en la magia interior

Antes de hacer un hechizo con velas, siéntate en silencio en una silla cómoda durante unos quince minutos. Sostén la vela apagada con ambas manos y piensa en tu deseo todo el tiempo. Visualiza el resultado positivo. Por ejemplo, si tu comportamiento es pusilánime y pretendes ser más enérgico, cierra los ojos e imagínate corriendo muy rápido a través de una gran extensión. Concéntrate en esto profundamente. Siente el viento en tu cara y la fuerza en tu cuerpo. Tras cinco minutos de esto, cambia la visualización a un trampolín grande, por ejemplo. Súbete y empieza a saltar, suavemente al principio, antes de ir más y más alto. Estás libre de dolores, tus males te han dejado y tu vitalidad es inmensa. Visualiza una imagen de ti mismo siendo lo mejor que puedes ser. A veces incluso una breve meditación como ésta puede hacerte sentir renovado y revitalizado.

HECHIZOS CON VELAS PARA LA CURACIÓN Y EL BIENESTAR

Ahora vamos a compartir diez hechizos para la salud física y mental y para la felicidad. (Ten en cuenta, sin embargo, que puedes aliviar mágicamente casi cualquier problema adaptando el hechizo de salud general de la página 142 para que se ajuste a tus necesidades). La base para cada ritual es la misma, y una vela amarilla será suficiente para cualquier dolencia o discapacidad, ya que éste es el color utilizado para la curación. Blanco, naranja, plata y oro también son colores apropiados que no afectarán negativamente los resultados. Cuando hayas elegido el color, prepara la vela como se describe en la sección anterior, inscribiéndola con el nombre del paciente y la naturaleza de la enfermedad. Por ejemplo, si tienes una uña encarnada, inscribe las palabras «Sarah Brown» y «curar la uña encarnada» en la cera antes de ungirla y encenderla.

Verás que hay muchos aceites de unción diferentes, enumerados en los hechizos siguientes, pero el aceite de albahaca es de los que más suelen usarse para curar. Si no puedes encontrarlo o tienes problemas para salir, puedes usar aceite de oliva como sustituto (o comprar online). La adición de ciertas hierbas y aceites son opcionales. Un simple ritual con velas sin los aceites también funciona y será igual de eficaz si se pone la intención correcta, pero estos extras pueden mejorar la magia y permitir que el resultado se produzca mucho más rápidamente.

Llamar a los Ángeles

A muchas brujas les gusta invocar el poder de los ángeles. Hay millones de ángeles en el mundo de los espíritus, cada uno con el poder de ayudar en cualquier situación problemática que pueda surgir.

Uno de los más poderosos es el arcángel Rafael. Es el sanador predominante en el reino angelical y muchas personas descubren que cuando invocan su poder, sus hechizos tienen más éxito y sus oraciones son respondidas. Para invocar su poder, puedes colocar una pluma blanca en tu espacio de trabajo y decir este encantamiento antes de comenzar con el hechizo:

Arcángel Rafael, sanador de la humanidad,
solicito tu ayuda este día.
Envuélveme con tu poderosa luz,
ámame y protégeme, pase lo que pase.
Envuélveme con el calor de tus alas
mientras hago este hechizo y el ángel canta.

Hechizo general para mejorar la salud

Este hechizo se puede usar y adaptar a cualquier problema de salud que puedas tener o para estar en forma durante todo el año. Prepara una vela amarilla. Inscríbela con tu nombre y las palabras «buena salud». Mezcla una cucharada de aceite con nueve gotas de aceite de albahaca para promover la fuerza. Unta la vela con este aceite y colócala en un soporte seguro. Espolvorea un poco de sal protectora en un círculo alrededor de la base del soporte y enciende la vela. Repite este conjuro tres veces:

Rodea mi ser con rayos positivos.
Abrázame y bendice mi ser.
Báñame en luz curativa para que yo pueda
mantenerme en forma los próximos días.

Deja que la vela se consuma y repite el hechizo una vez al mes para asegurarte una buena salud en general.

Para eliminar el miedo y las fobias

Si tienes un miedo interno que quieres superar, prepara una vela naranja e inscríbela con tu nombre y las palabras «quítame el miedo». Unta la vela con aceite. Coloca una foto que represente tu fobia y enciende la vela. El cuarzo rosa evita la preocupación, así que agarra un cuarzo rosa con la mano y repite este conjuro siete veces:

Con este cristal se va el miedo,
con esta vela me libero.
Mira esta foto y haz que sea
fácil de ver para mí.

Coloca el cristal al lado de la vela y déjalo hasta que la vela se apague. Una vez apagada, rompe la foto, tírala a la basura y pon el cristal debajo de la almohada durante siete noches.

Para curar el insomnio

Si eres de esos que se pasa la noche mirando el reloj, dando vueltas y vueltas en la cama sin quedarte dormido, este hechizo te ayudará a conseguir un sueño tranquilo. Al comienzo de la noche, prepara una vela morada e inscribe en la cera tu nombre completo y las palabras «para curar el insomnio». Unta la vela con aceite puro de lavanda. Esto inducirá el sueño.

Ponlo sobre la mesita en tu dormitorio. Añade un bol de lavanda seca y espolvorea unas gotas de aceite de lavanda sobre las hierbas. Recita este conjuro tres veces:

Sueño apacible, descanso tranquilo,
estoy protegido, estoy bendecido.
A mi lado esta noche tengo
estas hierbas para dormir.

Acuéstate en la cama con un buen libro. Cuando la vela se haya consumido, puedes ponerte a dormir. Deja la lavanda en su lugar para que la magia continúe funcionando en los próximos meses. Este hechizo debe repetirse cada pocos meses si sus efectos comienzan a desaparecer.

Dolores de cabeza, migrañas y problemas sinusales

Para aquellos que sufren constantemente de problemas relacionados con la cabeza, este hechizo despejará la mente y liberará cualquier bloqueo o tensión que cause dolor o incomodidad. Usa una vela blanca e inscríbela con tu nombre completo y las palabras «despeja mi cabeza». Unta la vela con aceite de eucalipto y colócala en una palmatoria. Prepara una taza de infusión de matricaria, una planta reconocida en la herbolaria por curar dolores de cabeza, ya sea seca o con cinco o seis hojas de la planta. Coloca la infusión sobre la mesa y enciende la vela. Repite la siguiente invocación nueve veces:

Aclara mi cabeza, libera mi dolor.
Voy a estar tranquilo una vez más.
Con poder mágico bendigo esta infusión.
Disipa este dolor, retíralo de mí.

Cuando la vela lleve encendida veinte minutos, bébete la infusión y deja que la vela se consuma completamente. Si sufres serios ataques de migraña, tendrás que hacer este hechizo regularmente.

Prevención de resfriados, gripes y virus

Si las personas que te rodean padecen enfermedades contagiosas y quieres protegerte de sus gérmenes, haz este hechizo al caer la noche. Prepara una vela azul e inscríbela con tu nombre y las palabras «protégeme de la enfermedad». Para ungir la vela, mezcla una cucharadita de aceite con cuatro gotas de citronela para protegerte y bloquear dolencias. Coloca en un soporte adecuado y reserva. Enciende una varita de incienso de cedro. Esto te cargará mágicamente y te dará fuerza. Luego, enciende la vela y repite este conjuro doce veces:

Protégeme de enfermedades por todas partes,
con un escudo mágico de los pies a la cabeza.
Este virus no me tocará
porque yo soy la fuerza.
Amén.

Hechizo de fertilidad

Este hechizo debería ayudar a la mayoría de parejas sin hijos, pero funcionará mejor si ambos participan en la magia. La albahaca es conocida por poseer propiedades de fertilidad y cuando se usa en hechizos de fecundidad, tiende a cargarse mágicamente, cambiando las energías de estéril a fructífera. En luna llena, compra un manojo de albahaca y ata los tallos con una cinta roja. Coloca la albahaca sobre una encimera y bendice tres velas (una rosa, una azul y una verde) e inscribe cada una con la palabra «fertilidad». Unta las velas con aceite puro de albahaca. Coloca las velas alrededor de la albahaca y enciéndelas. Repite la siguiente invocación doce veces:

De semilla fructífera, vamos a criar,
de un útero fértil, un bebé pronto.
Con la albahaca que ofrecemos,
un niño vivirá.
Escucha mi súplica, tráeme vida.

Deja que las velas se quemen y luego ata la albahaca sobre la cama. Tened relaciones sexuales bajo la albahaca durante siete noches (no necesariamente seguidas).

Desterrar malos hábitos y adicciones

Éste es un hechizo general que usa dos velas y está destinado a cualquier tipo de mal hábito, que va desde morderse las uñas hasta fumar, pasando por comer o beber demasiado y drogarse. Si lo quieres realizar para ti mismo o si estás preocupado por un ser querido, para que la magia funcione es muy importante poner las inscripciones correctas. Debes inscribir en ambas velas el nombre completo de la persona para la que vas a hacer el hechizo. También debes inscribir en ambas velas una breve descripción del hábito que quieres romper. Por ejemplo, si quieres perder peso, debes inscribir «Jane Brown, perder peso» o «Jane Brown, dejar de fumar». Puedes adaptar fácilmente este hechizo a tu situación, así que eres libre de redactarlo como quieras siempre que sea de forma específica. También debes tener junto a las velas un objeto que represente el mal hábito. Si el problema es una adicción a la comida, pon una foto de tu plato favorito o un ingrediente que te encante, como el chocolate. Si eres fumador y quieres dejarlo, pon un paquete de tabaco.

Para preparar el aceite de la unción, mete dos dientes de ajo pelados y enteros en dos cucharadas de aceite durante toda la noche. Al día siguiente, prepara una vela blanca y una negra con tu inscripción y úngelas de la forma habitual. Colócalas en la superficie de trabajo y pon el objeto que representa el hábito. Enciende las velas y repite este conjuro doce veces:

> *Cambio lo oscuro por lo bueno,*
> *la protección vendrá con la llama blanca.*
> *Destierro este hábito con amor y con luz,*
> *por todo lo que es bueno y lo que es brillante.*

Deja que las velas se quemen y luego entierra el objeto ofensivo en el jardín o en una maceta. Si sientes la necesidad de volver al hábito, repite el hechizo anterior una y otra vez hasta que haya pasado el momento.

Calmar la ira o la amargura

No importa si eres una persona malhumorado en general o si sufres ataques de ira, este hechizo te ayudará a relajarte y serenarte. También puedes hacer este hechizo en nombre de otra persona. Si tienes un amigo o familiar fuera de control, con comportamientos malhumorados o agresivos, puedes ayudar a aliviar su agitada mente. Prepara una vela amarilla e inscríbela con el nombre completo de la persona y las palabras «para calmar la ira». Mezcla una cucharada de aceite de oliva con diez gotas de aceite de rosas y tres gotas de aceite de salvia. Unta la vela de la manera habitual. También necesitarás un mechón del cabello de la víctima. Si quieres realizar este hechizo sin que la persona lo sepa, bastarán unos pocos pelos de un cepillo o un peine. Enciende la vela y repite este conjuro tres veces:

Cuando llega la ira, la callo
con velas bañadas en rosa y salvia.
Del odio a la alegría, hago el cambio.
Maneras dulces, ánimo sereno.

Coge el mechón de pelo y quémalo en la llama, luego deja que la vela se acabe de consumir.

Problemas de espalda

Muchas personas sufren problemas de espalda y suelen ser la manifestación de una metáfora que refleja que estamos llevando demasiado peso a nuestras espaldas. Este hechizo liberará tensión en la espalda y calmará los nervios pinzados o el dolor. Coge una vela de té de color rosa e inscribe el nombre del paciente en la cera con las palabras «cura el dolor de espalda». Mezcla una cucharada de aceite con cuatro gotas de aceite de jengibre para ungir. Esparce una taza de sal marina en un plato, coloca la vela encima y enciéndela. Utilizando la técnica de meditación descrita anteriormente en este capítulo (*véase* la página 151), visualiza a esa persona en perfecto estado de salud, sin dolor y físicamente activa. Repite el siguiente encantamiento siete veces:

> *Cargo esta sal con una fuerza poderosa,*
> *con la esperanza de volver a estar en forma.*
> *Los granos curativos alivian mi dolor*
> *y rápidamente volveré a estar bien.*

Cuando la vela se haya consumido, toma un baño tibio y esparce la sal en el agua. El poder curativo del baño de sal combinado con la magia del hechizo te hará sentir en excelentes condiciones en muy poco tiempo.

Lidiar con las emociones infelices y el estrés

A veces, y a menudo sin una buena razón, todos podemos estar un poco deprimidos. Puede haber una situación específica que provoque tristeza, o podemos estar sufriendo una depresión menor debido al flujo hormonal o a otras razones físicas. Cualquiera que sea la causa, este hechizo ayudará a levantar la nube oscura que se lleva a cuestas y nos ayudará a sentirnos más alegres. También combate cualquier estrés y ayuda a calmar la ansiedad.

Limpia una vela marrón y úngela con aceite puro de menta. Este aceite es muy útil para despejar la mente y ayudarnos a ver las cosas con más claridad. Inscribe tu nombre en la cera junto con las palabras «alivia mi tristeza». Coloca la vela al lado de un cristal de cuarzo ahumado y repite este encantamiento tres veces:

Pensamientos abatidos, dejad mi mente,
paz interior pronto encontraré.
Borra este estado de ánimo y déjame libre
para estar contento y ser feliz.

Deja el cuarzo ahumado en el mismo sitio hasta que la vela haya terminado de arder y luego lleva el cristal contigo durante al menos dos o tres semanas. Deberías sentirte mejor casi de inmediato, pero si por alguna razón te lleva un poco más de tiempo levantar el ánimo, repite el hechizo todas las noches y duerme con el cuarzo ahumado al lado de la cama.

Velas de aromaterapia

POR STEVIE PAPOI

Las velas sirven para mucho más que iluminar la oscuridad. Si bien eso es importante, también se pueden usar para mejorar la salud y tener una vida más gratificante. Me refiero al uso de velas especialmente diseñadas para aromaterapia y hechizos mágicos. La aromaterapia estimula la memoria, la circulación y las glándulas endocrinas, ayudándote a vivir una vida más sana.

Las velas de aromaterapia suelen estar hechas de una cera completamente natural, como la soja o la cera de abejas. Estas ceras son particularmente aptas para absorber aceites esenciales y activar las células receptoras olfativas, que a su vez envían una señal a la parte del cerebro conocida como sistema límbico. Si tienes alguna dolencia, evidentemente debes consultar a un médico antes de iniciar cualquier programa de aromaterapia.

Otro tipo de aromaterapia popular son las velas de masaje, hechas de cera de soja cuidadosamente mezclada con un agente transportador y aceite esencial, que cuando se derrite, se puede masajear por la piel como una loción. Estas velas especializadas tienen aceites que pueden ser absorbidos a través de la piel. Los aceites, luego, esparcen su energía curativa por todo el cuerpo.

Creo que lo que atrae a la gente a la magia de las velas es que tiene un precio razonable y utiliza materiales fácilmente disponibles, además de que a todos nos encantan las velas. La vela mágica te permite sentir una conexión real con lo mágico mientras tallas en la cera palabras mágicas y símbolos que representan tu deseo y unges la vela para usarla. Cada paso potencia la vela para ayudar a que se manifieste tu hechizo.

Ver realmente que la vela se consume y oler su aroma activa tu sistema olfativo. Cuando ves que la vela se derrite, al mismo tiempo ves tu hechizo proyectándose. Cuando me preguntan sobre velas para hechizos curativos, recomiendo usar una vela azul claro para problemas de salud mental y una vela azul oscuro para problemas de salud física. Las velas blancas se utilizan para limpiar el cuerpo y el espíritu.

CREAR TU PROPIA MAGIA

A menudo, los hechizos con más éxito son aquellos escritos por la propia bruja. Si eres creativo, es posible que quieras escribir algo propio. Todo depende de la intención y la concentración que pongas en lo que quieres. (Comenta Charity: «Cada vez que quiero aparcar el coche, digo tres veces "Quiero aparcar". ¡Siempre funciona!»). Si te tomas el tiempo y la energía para montarte tu propio ritual desde cero, hay muchas probabilidades de que tu hechizo tenga más influencia.

Con la abundancia de información online que tenemos a nuestro alrededor actualmente, es bastante fácil investigar las propiedades de las hierbas, flores y otros recursos naturales que puedes usar en tus propios hechizos. ¡Con suerte habrás aprendido de este libro cómo limpiar y prepara las velas! Los otros elementos presentes en tu altar o espacio de trabajo se pueden adaptar para cada hechizo. Cuando vayas a escribir tu encantamiento, asegúrate de que sea específico para lo que estás pidiendo. Es bueno si un hechizo rima, porque cuando recites el texto una y otra vez, fluirá mejor.
No es imperativo tener un diploma en poesía, tú di lo que quieras, intenta que rime y repítelo varias veces.

¡Pruébalo y buena suerte para que la magia ocurra!

Capítulo 6

Alquimia espiritual e iluminación holística

INVOCA TU LUZ
INTERIOR

Todos estamos haciendo una travesía espiritual, buscando en nuestro interior la señal de las estrellas que nos diga para qué hemos venido a este mundo y cuál es el propósito de nuestra existencia. Algunos de nosotros tomamos un camino menos transitado que la mayoría, mientras que otros prefieren seguir la senda de alguna religión establecida. No importa en qué camino estés, porque el destino es siempre el mismo: volver a casa, a ese lugar sagrado de vida espiritual.

QUÉ ES LA ESPIRITUALIDAD

Hay muchísimas religiones, fes, deidades y diferentes puntos de vista, pero la constante en todas ellas es el poder del alma y la iluminación espiritual como el más alto nivel del ser: los budistas lo llaman Nirvana y otros lo entienden como el deber de ser las mejores personas posibles, gente pura en intenciones, emociones y actos.

En palabras de Rob Jones, cofundador (con John «Tip» Masssaro) del grupo de Facebook *Practitioners of the Craft,*

Piensa en esa constante como un vasto mar de energía que se encuentra en todos los aspectos de nuestra existencia. Una fuente de energía que todo lo anima; todo es parte de eso. Nosotros, como personas, sentimos una conexión y le hemos dado muchos nombres y etiquetas, uno de los cuales es el concepto de divinidad. Buscamos comprenderlo mejor, nos conectamos con él (quien así lo quiere), y trabajamos con él y lo honramos como sagrado. Con tantas culturas diferentes como ha habido y tantos puntos de vista diferentes, hay muchas maneras de entender y relacionarse con la fuente primordial, por eso le hemos dado múltiples nombres e identidades que reflejan el trasfondo cultural que originó el concepto en sí mismo, y así se inventaron los dioses.

Todas las versiones de los dioses no son sino aspectos o máscaras de la fuente primordial de energía. Ellos usan estos aspectos para comunicarse con las personas y ser entendidos. El propósito de la espiritualidad es encontrar lo divino dentro de ti y fuera de ti, para que puedas alcanzar el cambio y lograr un estado de ser más iluminado.

No hay una forma «correcta» o «incorrecta» de buscar o encontrar la espiritualidad. Cuando algo encaje con tus creencias, lo sabrás. Te sentirás en paz, inspirado para aprender más y listo para compartir lo que sabes con los demás. Este capítulo analiza algunos de los caminos espirituales que han existido durante muchas, muchas lunas. Quizás encuentres más de uno.

BUDISTAS
Amar y dejar amar

El budismo es una de las formas más directas de espiritualidad y el camino más rápido hacia el crecimiento espiritual. Como muchas otras religiones, los budistas creen que todos somos uno, y en este sentido, lo que una persona hace afecta a la otra y viceversa. Al formar parte de una vida que vive y respira, nunca podemos ser verdaderamente libres e independientes los uno de los otros, ni debemos serlo. Según el pensamiento budista, ver a un mendigo tirado en la calle e ignorarlo sólo te perjudica a ti, porque alienta a otros a mirar hacia otro lado. Pero tenderle la mano a un mendigo muestra compasión y amabilidad y enseña a los demás a hacer lo mismo. Por lo tanto, la forma de mostrar amor es ser amables unos con otros, desterrar nuestros prejuicios y vivir en armonía con todo. Ten en cuenta que esto no incluye presionar a los que nos rodean con nuestras creencias ni forzarlos a ser amables (como si eso fuera posible: «¡Sé amable o te atizo!»). En realidad, los budistas predican con el ejemplo. La amabilidad engendra amabilidad. La compasión conduce a la compasión. Vivir una vida espiritual anima a otros a seguir tu ejemplo.

Los budistas creen en el poder de la humanidad y en el poder dentro del yo para evolucionar, cambiar y compartir con el resto del mundo la sabiduría y el conocimiento. Pregúntale a cualquiera de los aproximadamente quinientos millones de personas en todo el mundo que siguen el budismo qué es lo que quieren, y las respuestas serán similares: quieren aliviar el sufrimiento y la infelicidad, y reemplazarlas con felicidad y serenidad. Los budistas creen que este proceso conduce a la liberación del alma y a la iluminación espiritual. Ser budista es una oportunidad para llenar tu corazón de gratitud y fe en la humanidad por el simple hecho de que puedes inspirar a otros para ayudar a los menos afortunados y, al hacerlo, guías a los que te rodean a un plano espiritual superior.

EL MISTICISMO, LOS MÍSTICOS Y LA CÁBALA

La cábala es una interpretación mística del judaísmo y de la Biblia hebrea, una fuente reveladora de sabiduría sobre cómo vivimos, cómo damos y cómo recibimos. La cábala desarrolla la fe en la humanidad, la bondad humana y el perdón que hay en todos nosotros. Sus seguidores emprenden un viaje inspirador, buscando convertir el caos en paz interior, una búsqueda para encontrar al verdadero yo y librarse del equipaje emocional. Dado que esta idea es universal, puede sonarle a cualquiera: jóvenes y viejos, ricos y pobres, hombres y mujeres, practicantes de todas las religiones. A fin de cuentas, todos somos buscadores de la luz tratando de sanar nuestras almas y liberarnos del fuego que yace en nuestros vientres alimentándose de la ira, la cual nos impide respirar el aire fresco de la intención pura.

La cábala tiene sus raíces en enseñanzas milenarias. Hubo un tiempo en que sólo los judíos eruditos casados y varones tenían acceso a los textos asociados con estas enseñanzas; ahora están disponibles para que todos puedan explorarlos y aprender. La verdad no cambia, incluso a lo largo de varios milenios, por lo que los principios de la cábala siguen inspirando a hombres y mujeres de todo el mundo.

BRUJERÍA Y BIENESTAR ESPIRITUAL

Para aquellos que siguen el camino de la wicca, la historia, la magia y la tradición se transmiten a través de ancestros antiguos, enseñados por ancianos y practicados por aquellos que siguen la fe. Cuando se enfrentan a los problemas de la vida, las brujas no huyen de ellos, ni se esconden ni fingen que sus problemas no existen: buscan soluciones y respuestas de sus hermanas y hermanos que han recorrido el mismo largo y tortuoso camino. Muchos wiccanos creen que existe una relación directa entre la mente, el cuerpo y el alma. Para estar verdaderamente curado emocional, física y espiritualmente, uno tiene que tratar todos los aspectos de la mente, el cuerpo y el espíritu. Si alguno de ellos no está alineado, todos pueden descompensarse. Todo está conectado y todo se relaciona con ser integral y único. Las hierbas, los remedios naturales y la meditación son algunos de los métodos holísticos que las brujas han utilizado durante cientos de años para alcanzar un mayor sentido de conciencia en un mundo desordenado. Hubo un tiempo en que aquellos que practicaban la medicina popular y las tradiciones de curación eran una parte central de las comunidades, a menudo venerados como los sabios de la aldea, a los que se pedía asesoramiento sobre enfermedades cotidianas como resfriados, gripes, lesiones, infecciones e incluso problemas como ansiedad, depresión e insomnio. El deber de estos curanderos era encontrar las causas de las enfermedades. Era una creencia común que un problema anímico o mental podía causar problemas físicos. Tales problemas podrían estar relacionados con lesiones espirituales causadas por posesión, pérdida de espíritu y otros eventos sobrenaturales. Por eso muchos de los métodos utilizados por los verdaderos curanderos incluyen no sólo tratamientos médicos mediante sustancias herbales, sino también hechizos y trabajos rituales más formales. Su trabajo consistía en dirigirse a la persona en su conjunto e identificar la causa de los síntomas, en lugar de tratar sólo los síntomas (que es lo que la medicina occidental hace principalmente hoy en día). Estas prácticas evolucionaron hacia prácticas modernas de brujería, muchas de las cuales ahora están siendo aceptadas por la medicina alopática.

CHAMANES NATIVOS AMERICANOS
Medicina de hombres y mujeres

Los curanderos que practican uno de los estilos de sanación más conocidos de las tradiciones de los amerindios son los chamanes, los cuales se especializan en diversas técnicas de sanación, desde el trabajo con tambores al trabajo de trance profundo o la comunicación con otros mundos. La medicina chamánica no es «medicina» tal como la entendemos los occidentales. La clave para la curación mágica y espiritual del chamán tiene lugar a través de su conexión con las fuerzas espirituales y energéticas del universo: las propiedades espirituales de las plantas, las personas, los lugares y los objetos. Un chamán o una chamana puede sentir las fuerzas espirituales en la tierra y comunicarse con ellas para conseguir la sanación. El énfasis en su práctica curativa es la unidad entre el espíritu y la forma física.

Uno de los componentes clave del chamanismo es la capacidad de viajar al mundo espiritual en un entorno controlado. Estos viajes fuera del cuerpo proporcionan a los chamanes conocimiento y sabiduría y les permiten mediar en la relación entre lo físico y lo espiritual. Usando estas técnicas, los chamanes pueden enfrentarse a la muerte, los espíritus del inframundo, a sus antepasados y a los dioses. Una de las herramientas más conocidas para la curación chamánica es el albergue de sudor, un lugar para rituales de limpieza y purificación basados en la idea de que la sudoración profusa elimina las toxinas del cuerpo. La eliminación de las toxinas también se extiende a nivel espiritual, ya que arrastra la energía negativa que puede estar causando problemas y enfermedades. Al eliminar las fuerzas que dañan tanto el cuerpo como el espíritu, se abren vías para la entrada de energías beneficiosas que devuelvan el equilibrio.

En algunas tradiciones chamánicas, se cree que cuando una persona sufre varios traumas (tengamos en cuenta que lo que define un evento traumático es diferente para cada persona y cada situación), una parte del alma se rompe y se pierde. Encontrar ese fragmento de alma, en un ritual llamado recuperación del alma, es una de las pocas formas de curarse completamente de esos eventos. La recuperación del alma no es una tarea fácil y a menudo es un proceso muy emocional. Tanto el chamán como el superviviente del trauma deben trabajar juntos para viajar por los paisajes del mundo espiritual y encontrar así la parte que falta del alma. Al recuperar ese fragmento, la persona realmente puede volver a estar «completa» nuevamente.

Paganos:
Se trata de equilibrio

POR DONNA MORGAN

Las enseñanzas paganas tienen que ver con la equidad y el equilibrio. Creemos que todos los seres vivos tienen un aspecto masculino y femenino y que esos aspectos comparten la misma responsabilidad. Del mismo modo que el sol complementa a la luna, ese ritmo masculino/femenino existe en todas las cosas que se encuentran en la naturaleza.

Mis antepasados, nativos americanos y druidas celtas, me enseñaron el significado de este equilibrio con los dioses. El Dios y la Diosa siempre han gobernado juntos, asumiendo responsabilidades compartidas en sus áreas de conocimiento para ayudar a todos los seres a trabajar en armonía unos con otros. Éste es el patrón, la receta para la paz mundial y universal. Los paganos creen que lo que no es equitativo no está equilibrado. Estamos destinados a mantener dicho equilibrio bajo control. De hecho, cuando esta delicada configuración se pierde, las energías oscilan hacia los extremos, causando caos y desorden en todos los planos y formas de vida. Cuando esto sucede, nos resulta difícil encontrar la paz interior.

Durante muchos años, los paganos hemos visto y sentido este desequilibrio en el ámbito espiritual. «¿Cómo arreglamos esto?» te puedes preguntar. Es una tarea individual, jugamos un papel intrincado en todo el sistema para restablecer el equilibrio del mundo, empezando por nuestro propio espacio personal.

La espiritualidad no es algo que puedas comprar o negociar, sino que es algo personal dentro de ti y tus conexiones con los dioses y las diosas. Éste es un punto esencial porque hay otras enseñanzas espirituales que no abarcan los aspectos masculino/femenino por igual. Si te preguntas por qué tus puntos de vista espirituales no satisfacen tus necesidades, pregúntate si tu energía masculina y femenina están en equilibrio o si una de ellas domina tu campo espiritual. Si necesitas más ayuda, hay muchas organizaciones y comunidades paganas que ofrecen esta verdad: búscalas. Y si sólo te ofrecen creer en un único dios o una sola diosa, estarás abrazando solamente una parte del todo y tampoco encontrarás el equilibrio. Tómate tu tiempo y hazte muchas preguntas, porque la verdad vendrá sola si realmente la buscas.

ROOTWORK, CONJUROS O HOODOO

La práctica afroamericana del rootwork, también conocido como conjurar o hoodoo, se originó a partir de las costumbres religiosas de África occidental y se convirtió en una tradición naturalista y espiritual durante el período de la trata de esclavos en América. Los partidarios del rootwork creen que hay una fuerza espiritual presente en todas las cosas: plantas, animales, minerales e incluso lugares. Éste es el elemento central de la práctica y el trabajo que realizan los chamanes de rootwork. Otro de sus pilares fundamentales es el uso hierbas, raíces y resinas para hacer remedios naturales. Los africanos conocían sus plantas locales y las diversas asociaciones de curación, pero de nada les servía cuando los trajeron como esclavos a América, donde todas las plantas y recursos eran distintos y a la gran mayoría de negreros no les interesaba demasiado la salud o la seguridad de los esclavos. Para sobrevivir, necesitaban encontrar la manera de hacer su propia medicina y mantener vivos sus espíritus.

Los amerindios fueron el instrumento clave en el desarrollo del rootwork. Miembros de ciertas tribus compartieron sus conocimientos sobre hierbas curativas y sus usos con los esclavos africanos. Cuando la esclavitud llegó a su fin y la comunidad negra pudo moverse hacia el norte y mezclarse con nuevas culturas, otras influencias entraron en juego. Elementos del misticismo judío de la cábala, como el uso de los salmos de la Biblia y el trabajo con entidades como Moisés, entraron en el rootwork. Se añadieron tradiciones de la magia popular de los Apalaches, de los emigrantes holandeses de Pensilvania (signos powwow y hexadecimales) y de otros sistemas germánicos (prácticas que implican runas). De esta manera, el rootwork desarrolló varios matices únicos en Norteamérica, todos conectados con el pasado africano y la nueva tierra.

Mucha gente cree que el rootwork es simplemente magia con plantas, pero no es así. El rootwork es en realidad la capacidad de resaltar la «raíz» de la planta como si fuera su espíritu y dejar que sea un componente esencial del trabajo. No hay separación entre cuerpo y espíritu en esta práctica, ya que ambos son esenciales para el bienestar. Básicamente, los curanderos de rootwork creen que no somos nuestras formas físicas. En realidad somos almas que han adoptado una forma física.

El proceso de invocar la raíz de las plantas, piedras o cristales se llama «tratamiento» y es uno de los principales puntos en que los chamanes de las tribus amerindias y los curanderos rootwork difieren en su enfoque de la magia y la curación espiritual. Los chamanes no necesitan invocar al espíritu de una planta, ya que creen que ya está ahí, en ella, de forma activa.

La lectura psíquica es otra herramienta esencial en el conjunto de habilidades del rootwork. Estas lecturas no sólo identifican qué espíritus están involucrados en la vida del paciente, sino que también aconsejan al sanador sobre qué tratamientos pueden funcionar mejor. Por ejemplo, un tratamiento puede ser tan sencillo como preparar un baño ritual y prescribir salmos y oraciones para arreglar una situación precisa, o puede requerirse un trabajo más profundo que involucre velas y vigilias con oraciones y peticiones repetidas en el transcurso de varios días. Dada su capacidad para ver y escuchar espíritus mientras trabajan y curan en el mundo físico, muchos curanderos rootwork son llamados «de dos cabezas».

TROLLDOM Y TROLLKUNNING

Los curandero rootwork no son los únicos sanadores populares y holísticos que hacen lecturas para comprender la razón que se esconde detrás de los síntomas de un paciente. La práctica de trolldom (también trolddom) es una antigua tradición nórdica de magia popular que se practicó en Escandinavia por los trollkunnings. Muchos se refieren al trolldom como el hoodoo nórdico. Los practicantes de trolldom solían trabajar juntos en temas diferentes dentro de una comunidad. Uno era especialista en lecturas, otro en curación física y otro se centraría en hechizos mágicos y prácticas espirituales. Los trollkunnings también se ocupaban de los espíritus de la naturaleza, en particular de las Personas Ocultas o elfos. Los nórdicos temían ser «disparados por los elfos» con sus invisibles flechas élficas, que causaban dolor y agonía en la víctima. Usaron plantas y hechizos específicos para prevenir estos ataques o para curar el dolor tras el flechazo. Hoy en día no quedan muchos practicantes de trolldom, y los que quedan son expertos en todas las áreas de esta tradición.

Al igual que muchos otros métodos de curación, trabajar con espíritus es muy importante en el trolldom y algunos espíritus específicos son exclusivos de esta tradición. Al igual que en el rootwork, algunos elementos cristianos están involucrados. Curiosamente, hay más hechizos registrados en el trolldom que invocan a Jesús, Dios, María y el Diablo que los que invocan a Odin u otras deidades propias de las tradiciones nórdicas y paganas. La razón de esto es sencilla: trolldom es la magia de las personas y, lo mismo que las personas, las prácticas cambian y evolucionan con los tiempos. Cuando el cristianismo se convirtió en la religión dominante en Europa, la práctica cambió los elementos tradicionales por los nuevos, una vez establecidos.

Una distinción importante en la práctica de trolldom es que, a diferencia del chamanismo y el rootwork, se acude al Diablo y se le invoca para que solucione problemas… siempre y cuando él sea la causa de los mismos. Se cree que Satanás no es realmente un ser libre, sino que está bajo el control de Dios y no tiene poder contra las órdenes divinas. Por lo tanto, si le ordenas a Satanás que salga de tu vida en el nombre de Dios, él tiene que hacerlo. En la misma línea, un creyente puede ordenarle al Diablo que controle a sus secuaces o a cualquier espíritu oscuro que esté causando travesuras y problemas.

INVOCAR A TU DIOS (O DIOSES)

La oración es una práctica muy poderosa que proporciona comunicación directa entre espíritus y mortales. Casi todo el mundo sabe rezar. Hay oraciones cristianas tradicionales, por ejemplo, el Ave María, el Padrenuestro o el Salmo 23, que muchas personas conocen y recitan, pero también hay oraciones espontáneas que se dicen en el momento y que tienen mucho poder. Lo importante es establecer conexión con un poder superior. Dar gracias a tu dios es una buena manera de empezar cualquier oración. Expresar gratitud por lo que ya tenemos aumenta nuestras propias vibraciones energéticas, lo que a su vez determina la forma en que solicitamos ayuda. (Imagina la diferencia entre decirle a tu divinidad que todo es horrible, que hay que mejorarlo, en lugar de decirle «Muchas gracias por todo lo bueno que tengo y toda la belleza que hay en mi vida. Por favor, ayúdame con la salud estos días...»). ¡Se atrapan más moscas con miel, incluso en el plano espiritual!

El trance también es una práctica común para invocar a las deidades en muchas tradiciones. Estos estados extracorpóreos permiten a los practicantes ver espíritus y trabajar con ellos de manera más directa que la oración. El uso de hierbas y tratamientos herbales también es muy común entre las diferentes prácticas. Si bien se puede usar una gran variedad de hierbas diferentes para el mismo tipo de tratamiento, la intención siempre es recurrir a las energías únicas, así como a la naturaleza misma, para solucionar los problemas especificados y ayudar al receptor a vivir una buena vida. (Puedes leer más sobre este tema en la sección sobre curanderos rootwork en este mismo capítulo).

REIKI

El reiki es una de las formas más populares de curación por contacto (o casi contacto, ya que las manos en realidad no necesitan entrar en contacto con la piel para ser una fuente correctiva eficaz). Desarrollada en la década de 1920 por Mikao Usui, un budista japonés, la práctica es especialmente útil por el hecho de que los practicantes pueden usarla no sólo para curar a otros, sino también para curarse a sí mismos.

El reiki se basa en el principio de que cada uno de nosotros tiene una fuerza vital invisible, el *chi* o *qi*, que rige nuestras emociones y nuestro bienestar físico. Cuando dicha fuerza se agota, es más probable que nos sintamos «sin pilas». Los practicantes de reiki trabajan para restablecer el equilibrio llevando la fuerza vital a un nivel óptimo. El concepto básico del reiki occidental implica colocar las manos de manera específica justo por encima del cuerpo, sin tocarlo. Un tratamiento completo puede durar de treinta minutos a una hora. Los tratamientos localizados se pueden usar cuando una persona tiene un área específica que le interesa curar. Durante un tratamiento localizado, el practicante de reiki colocará sus manos sobre el área donde hay problemas, a veces sólo colocará las manos sobre los hombros del paciente.

La teoría sostiene que la energía reiki está tan en sintonía con el cuerpo que buscará y sanará heridas físicas, emocionales y espirituales, aunque las manos del practicante no están tocando directamente la fuente del dolor. ¡Muchos maestros de reiki pueden enviar curaciones a larga distancia, por teléfono o videollamadas! Un aspecto único de reiki es que se espera que los practicantes se adhieran a un conjunto de pautas para vivir conscientemente y en el momento. Las principales pautas son las siguientes:

Hoy dejaré de preocuparme.
Hoy me alejaré de la ira.
Hoy daré gracias por todo lo bueno.
Hoy haré mi trabajo honestamente.

Hay diferentes formas de reiki y diferentes niveles de práctica. Al evolucionar hasta el nivel más alto, un maestro pasa el poder de curar a un discípulo a través de un método llamado sintonización. La mejor manera de aprender reiki es encontrar un maestro local sintonizado.

Imposición de manos

La imposición de manos ha existido durante miles de años, desde mucho antes del nacimiento de Cristo, quien también realizó milagros de curación con un simple toque. De hecho, la Iglesia católica, hasta el día de hoy, canoniza a los santos en función de la cantidad de milagros que realizó mientras estaba vivo, y muchos de éstos incluyen la curación por imposición de manos. Si bien la curación a través de la fe generalmente se asocia con alguna religión, si estás interesado en aprender más sobre las técnicas de curación por imposición de manos, existen muchos métodos para mover la energía a través del cuerpo consiguiendo resultados positivos, incluida la terapia de energía integrada (TEI), terapia de polaridad, qigong, Quantum-Touch®, curación pránica y Healing Touch®.

Ritual de autocuración

Antes de que puedas sanar a otros, es importante que te sanes a ti mismo. El siguiente ritual de curación energética te permite reunir energía curativa del universo y dirigirla hacia ti.

Materiales

Manojo de salvia blanca

Incienso curativo

Cuchillo afilado

Vela azul

Música relajante

Ritual

Coge el manojo de salvia y limpia la habitación en la que estás a punto de realizar el trabajo de curación. Concéntrate en la sala llena de luz blanca. Enciende el incienso. Usa el cuchillo para inscribir las palabras «salud y bienestar» en la vela. Enciende la vela y pon la música. Siéntate en una posición cómoda. Frota las manos. Concéntrate en la sensación de estar curado y completamente sano. Haz que esa energía llene el espacio entre tus manos. Una vez que sientas las manos brillando de energía, pásalas sobre el cuerpo, empezando por la cabeza y bajando hasta los pies. Cuando sientas que has recibido energía por todo el cuerpo, sacude el exceso de energía de las manos. Apaga la vela y el incienso y quita la música. Sigue tu día con esa sensación de plenitud.

MEDITACIÓN
Entrar en el espíritu

Para acceder a las partes de la mente donde residen la bondad, la compasión y el misticismo, necesitamos desterrar algunas cosas, a saber: el juicio, la ansiedad y los pensamientos negativos. La meditación es una excelente manera de empezar este proceso y conectar con nuestra alma pura. Ésta es una práctica tan antigua como la humanidad y de alguna forma se conoce en todos los rincones del planeta. Hace treinta o cuarenta años, en los Estados Unidos, la meditación era algo de lo que la gente de a pie sabía muy poco, se entendía como una extraña forma de trascendencia utilizada por budistas o por hippies. En la actualidad, por supuesto, la meditación es practicada por todo tipo de personas: viejos, jóvenes, hombres, mujeres, profesionales y, sí, también hippies.

En pocas palabras, la meditación es un estado mental en el que centras la energía hacia dentro hasta el punto de que todo lo demás se desvanece y te quedas a solas con tu ser más verdadero y puro, con tu alma desnuda. En otras palabras, dejas de lado todas las preocupaciones de la vida mundana y llegas a quién verdaderamente eres sin todo el equipaje que te agobia: el trabajo, los niños, las discusiones, las facturas... Ninguna de esas cosas define quién eres realmente. Tendemos a olvidar que hubo una vez en que vinimos a este mundo con un corazón alegre, curiosidad por todo y la mejor disposición para escuchar nuestros instintos. Ésas son las cosas que la meditación puede devolverte.

Si estás interesada en la meditación, aquí tienes algunas pautas básicas para comenzar una práctica de meditación: tómate un minuto y piensa en todo lo que te estresa en la vida, las cosas que eclipsan tu verdadero ser. Piensa en los roles en los que has caído, tal vez no por elección sino porque eran opciones predeterminadas. Escríbelos. Vas a esforzarte un poco por deshacerte de esos roles que no le sirven para nada a tu alma y a reemplazarlos con la energía positiva de tu verdadera naturaleza elevada.

Empieza poniéndote cómoda

La simplicidad es la clave para evitar distracciones, especialmente cuando estás en busca de tu verdadero ser. Para empezar, busca un espacio tranquilo. Imagina, donde quiera que estés, que te encuentras en un espacio sagrado. Puedes estar sentado en tu habitación, pero al mismo tiempo estás entrando en el santuario interior de tu mente. ¿Qué te ayudará a relajarte para que puedas concentrarte en la meditación? ¿Música suave? ¿Incienso? ¿Ruido blanco? ¿Velas? ¿Campanas? Haz todo lo posible si lo necesitas: toda la práctica es etérea, te lleva de regreso al yo que siempre ha estado allí, pero que se ha perdido bajo un montón de distracciones mundanas. Prepara el espacio para este regreso especial a casa.

Cuando empieces este viaje del ser, ponte lo más cómodo que te sea posible. La forma más común de meditar es sentarse en el suelo, sobre un cojín, con las piernas cruzadas y planas en el suelo. Si no eres propenso a quedarte dormido hasta en una cuerda, puedes intentar acostarte sobre una estera en el suelo. Una vez más, trata de eliminar cualquier incomodidad que te distraiga de concentrarte en la meditación que estás a punto de empezar, así que busca una postura fácil que te permita relajarte y concentrarte.

Cuando estés cómodo, empieza respirando profundamente, dentro y fuera. Y con «profundo» no me refiero a inhalar un poco más profundo de lo

habitual, me refiero a inhalar tan profundamente que se te hinche el vientre
y se te eleve el pecho. Mantén el aire
unos segundos y luego exhala por
completo, largamente, hasta tener
los pulmones vacíos. Inhala por la
nariz y exhala por la boca. Piensa
en la inhalación como en la entrada
de energía limpia y en la exhalación
como liberación de la ansiedad, la
ira, la amargura y otras emociones
negativas. Tómate el tiempo necesario para escuchar tu propia respiración y los sonidos que produce. Permíte-

te experimentar lo que se siente al dejar ir las emociones y la energía negativa.
Vive sólo ese momento. Repítete a ti mismo: «No hay pasado, no hay futuro,
sólo hay ahora». Este mantra sirve para recordarte que no tiene sentido preocuparse por lo que sucedió ayer, porque ya está hecho. No tiene sentido
preocuparse por el mañana, porque aún no ha pasado. Todos nosotros sabemos con certeza que estamos justo en el momento actual. Este concepto,
aunque simple, es grande y vital para aprender a dejar de lado la sobrecarga
emocional.

El propósito de la meditación no es dejar la mente en blanco, sino dejar
ir la preocupación y la ansiedad mientras te relajas profundamente. Si te encuentras pensando en un tema que te trae sentimientos oscuros, abandona
ese pensamiento sin juzgar, como si no te importara. Cuando la meditación se
convierta en una parte regular de la vida, descubrirás que puedes aceptar cada

momento del día, incluso los momentos estresantes, de una manera tranquila y equilibrada, porque has aprendido a dejar de lado el juicio (de otras personas, de situaciones y, lo que es más importante, de ti mismo).

Esto es lo que llamamos atención plena: ser plenamente consciente de nuestro entorno presente sin atribuirle ningún pensamiento o juicio. Cuando dominamos la atención plena, sabemos que no tiene sentido preocuparse sobre lo que ya sucedió o lo que creemos que podría suceder. Hay muchas cosas que no sabemos y sobre las que no tenemos control y estamos de acuerdo con eso. Dejamos que la vida suceda a su propio ritmo, sin tratar de dictar sus resultados. Y cuando podemos renunciar al poder que creemos que tenemos sobre la vida, encontramos la paz.

Asigna un rato de meditación varios días a la semana cuando estés empezando. A medida que te sienta más cómodo con el proceso, puedes alargar la duración y hacerla parte de tu rutina diaria.

Alcanza un nivel superior

Puedes estar pensando: «¿Cómo puedo dejar de tener pensamientos y encima no juzgarlos? ¡No puedo evitarlo!» Es cierto. Como humanos falibles, la gran mayoría juzgamos las cosas tan rápido que ni siquiera nos damos cuenta. ¡Pero para eso está la meditación! Uno de sus beneficios a largo plazo es reconocer cuándo los pensamientos negativos se están infiltrando en nuestro inconsciente, arraigando y formando prejuicios y emociones oscuras. El filósofo Friedrich Nietzsche dijo: «No hay hechos eternos, ya que no hay verdades absolutas». Eso significa que lo que puede ser «verdad» para una persona no es necesariamente cierto para otra. Por ejemplo, puedes pensar que tu vecino es un imbécil, ruidoso y borde. Pero igual hay alguien en tu edificio que sabe que tu vecino es sordo y pone la tele a todo volumen porque no se entera y que no saluda porque no oye cuando le dicen hola. Donde unos desprecian, otros sienten compasión: cada cual está interpretando la situación según la información que tiene en ese momento. El problema es que a veces no tenemos toda la información antes de formarnos opiniones y, además, no cuestionamos lo que creemos.

La meditación te ayuda a reducir la velocidad, a pensar antes de actuar y formarte opiniones, y a aceptar las cosas como son y nada más. Es una forma de «limpiar la pizarra» (lo más limpia posible) de forma regular: enfrentarte a tus miedos y opiniones directamente a los ojos y preguntarte si son la verdad absoluta.

Con una mente clara y una conciencia limpia, abres la puerta a todo de una manera completamente nueva, tal vez incluso de la forma en que los ángeles que pululan entre nosotros ven el mundo.

USAR LA ESPIRITUALIDAD TODOS LOS DÍAS

Para nosotros no basta con encontrar el camino que nos hace ser lo mejor que podemos ser. (Ya imaginabas que no podía ser tan fácil, ¿verdad?). Lo importante es practicar lo que se predica. No en el sentido de reclutar legiones de hombres y mujeres que sigan tu práctica espiritual personal, sino en el sentido de que lo que te trae paz a ti durante tu meditación también debería ser aquello a lo que acudas para traerte paz en momentos de estrés. No importa cuánto trabajemos para encontrar nuestra propia paz interior, siempre tendremos que tratar con personas que no están en el camino espiritual y que parecen empeñadas en destruirse a sí mismas y al que se les ponga por delante. Las interacciones con este tipo de personas son siempre oportunidades para tu propio crecimiento espiritual, lo creas o no. Cuando te enfrentas a alguien grosero, agresivo o mezquino, es un momento para que profundices (sí, a veces muy profundo) para reaccionar ante ellos con todo el amor y la comprensión que puedas reunir.

Por ejemplo, imagina que estás haciendo cola para tomarte un café por la mañana cuando un extraño se cuela con todo el descaro. Tienes varias opciones para reaccionar: puedes gritarle al tipo y decirle: «¡Oye idiota, a la cola!». Puedes ponerte físicamente agresivo y darle un empujón que lo eche de la cola. Puedes acercarte con calma y recordarle dónde está el final de la cola. O puedes no hacer nada en absoluto e ignorar la grosería. Ése es un momento clave para la atención plena, para invocar a tus poderes superiores y preguntarles qué harían en la misma situación.

La maldad y la agresión física rara vez resuelven problemas a largo plazo ni cambian la opinión de la gente. Del mismo modo, estar de pie y no hacer nada no siempre es la mejor respuesta, ya que promueve un entorno en el que los acosadores se sienten libres para ir molestando a hombres y mujeres pacíficos. Encontrar la voz racional y amante de la paz dentro de ti puede ser difícil, pero puedes practicar y aprender a usarla en el mundo real. En este ejemplo, puedes decirle al tipo de la cola: «Todos estamos haciendo cola y todos tenemos prisa. No puedes llegar el último y ponerte el primero, es una falta de respeto». Así estás presentando sólo los hechos objetivos del asunto, planteados (con suerte) sin agresión. Si él no te hace ni caso o se te enfrenta agresivamente, al menos habrás inspirado a otros a tomar medidas en el futuro y a utilizar un modo de comunicación racional y pacífico cuando se sienten irritados por otra persona.

Que alguien se cuele cuando los demás hacen cola es molesto pero, por lo general, es una situación momentánea, un simple "bip" en el radar de tu día a día. ¿Qué sucede si se trata de un jefe, una pareja o algún otro miembro de tu familia que está haciendo tu vida miserable? No hay una salida fácil, en este caso. Hay implicaciones personales, e incluso legales, y querrás hacer lo mejor para ti y para los que te rodean. Los principios siguen siendo los mismos que en el ejemplo de alguien que se cuela en una fila: haz todo lo que te sea posible para invocar la razón, el amor y la empatía. No necesitas llenar la cabeza de la otra persona con las bondades de la paz y la cooperación; puedes, simplemente, rechazar participar en conversaciones hostiles e informar a la otra persona de que prefieres hablar las cosas más tarde, cuando los sentimientos no estén tan a flor de piel.

El problema es el siguiente: alguien que está lo suficientemente obcecado como para actuar intencionadamente de forma cruel o hiriente podría decirte que te metieses tu no-hostilidad por donde no te da el Sol. No pasa nada, porque aun así te estarás haciendo oír y dando ejemplo a los demás. Esto no quiere decir que debas dejar que los demás se aprovechen de ti, es simplemente un recordatorio de que cuando tu espíritu es sólido y te sientes en paz contigo mismo y con tus decisiones, puedes mantenerte fuerte en cualquier circunstancia.

Hechizo endulzante

A veces, incluso cuando estás tranquilo y sereno, las personas clave en tu vida, como el jefe o la pareja, parecen no escucharte. Esto invariablemente te irrita, causando problemas adicionales al comunicar tus deseos. A veces un pequeño toque mágico puedes ser la solución. Prueba el siguiente conjuro para abrir sus mentes y que entiendan tu punto de vista.

Materiales

Pluma y papel

Tarro pequeño

Para un jefe: una tarjeta con su nombre (si no hay foto)

Para la pareja: una fotografía de la persona

2 cucharaditas de lavanda seca

2 cucharaditas de galio

2 cucharaditas de hoja de ginkgo seco

Mortero

Azúcar

Fotografía tuya

1 goma elástica

3 velas de té

Ritual

En el papel, escribe tu petición o deseo de cambio (específica lo más posible la necesidad exacta que tienes). Incluye todos los detalles sobre lo que estás tratando de transmitir. Coloca la petición en el frasco. Añade la tarjeta o la foto de la persona en el frasco. A continuación, coge la lavanda, el galio y la hoja de ginkgo y machácalo todo en un polvo fino. Añade el azúcar y mezcla bien. Espolvorea la mezcla de hierbas en el frasco y séllalo. Coge una foto tuya y colócala en el exterior del frasco. Pon la goma alrededor de la foto y el frasco de forma que tu foto quede hacia fuera. Con un boli, inscribe en cada vela una de las siguiente palabras: «Comprensión», «Escucha», «Mente abierta». Enciende las velas. Sostén el frasco sobre las velas y sacúdelo. Mientras agitas el frasco, recita:

Pensando dulcemente desde lejos
abre la mente en este frasco.

Continúa agitando el frasco dos veces al día durante una semana, recitando el conjuro hasta que tu objetivo te escuche y te haga caso.

Hechizo para congelar y endulzar

No podemos presionar el botón de pausa en el comportamiento ofensivo o irritante de la gente, aunque lo pidamos amablemente; en ocasiones pueden necesitar un poco de ayudita y tenemos que «congelarlos» para que se estén quietos y nos dejen en paz. Este simple hechizo para congelar y endulzar a quien lo necesite te ayudará a lidiar con esas situaciones.

Materiales

Tijeras

Pluma y papel

Bandeja de cubitos de hielo

2 cucharaditas de azúcar

2 cucharaditas de lavanda seca

Agua

Ritual

Corta el papel en trocitos para que tengas tantos trozos de papel como cavidades haya en la bandeja de cubitos de hielo. En cada papelito, escribe el nombre de la persona que no te deja en paz a ti o a tus seres queridos. Coloca un trozo de papel en cada cavidad de la bandeja de cubitos. Añade una pizca de azúcar y lavanda en cada cavidad en la bandeja. Llena la bandeja con agua. Cuando estés llena, recita:

Estarás congelado hasta que tus acciones sean más dulces.

Deja que la bandeja se congele durante una semana en el congelador. Después, saca un cubito de hielo de la bandeja y deje que se derrita en un vaso o bol, uno cada día. Conserva el agua de los cubitos y una vez se hayan derretido todos, echa el agua en la tierra, en la base de un árbol o en una encrucijada, enviando los pensamientos y acciones endulzados a la persona que lo necesita y al universo.

Al final, lo importante sobre el trato con hombres y mujeres no iluminados es que nada de lo que hacen es personal. Puede parecer muy personal en ese momento, pero alguien que vive su vida agrediendo, apuñalando, engañando o comportándose de manera odiosa es alguien que tiene demonios feos que lo arrastran. No hay que tenerles miedo; lo cierto es que merecen nuestra compasión. Cuando empieces a verlos desde este punto de vista, puede que te resulte más fácil reaccionar con ellos de una manera que no provoque odio sino, más bien, compasión.

Hechizo de luz curativa

A veces queremos intentar sanar el mundo, ofrecer paz y esperanza. Este simple hechizo puede ayudarnos a enviar luz, amor, esperanza y sanación al mundo en general.

Materiales

Cuchillo afilado

Vela rosa

2 cucharaditas de lavanda seca

2 cucharaditas de catnip seco

2 cucharaditas de ginkgo seco

Mapamundi

Ritual

Usa el cuchillo para inscribir las palabras «Amor, paz y luz» en la vela rosa. Mezcla la lavanda, el catnip y la hoja de ginkgo. Pon el mapamundi sobre el altar o la superficie de trabajo. Espolvorea la mezcla de hierbas por el mapa (asegúrate de que un poco del polvo caiga en todos los continentes). Enciende la vela rosa y colócala en el centro del mapa. Mientras la vela arde, imagina una luz rosa que envuelve la tierra. Recita el conjuro:

Bonita luz, pacífica y rosa.
Envuelve al mundo esta noche.

Deja que la vela se queme. Después, entierra los restos de la vela y las hierbas en una encrucijada para enviar la luz y la paz a la tierra y a través de la tierra a toda la humanidad.

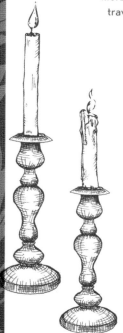

ESTAMOS TODOS JUNTOS EN ESTO

Con toda esta charla sobre espiritualidad y formas de alcanzar tu máximo potencial espiritual, puede que te preguntes por dónde empezar, particularmente si este tema es nuevo para ti. Es fácil confundirse con las diferentes ramas de la espiritualidad, las posibilidades y las ideas que existen. Empieza buscando lo mejor para ti y para los demás.

La vida se reduce a las elecciones que hacemos todos los días. Podemos elegir tener una perspectiva positiva o negativa. Siguiendo esa lógica, podemos elegir ser una fuerza positiva o negativa en la sociedad. Gandhi instó a sus seguidores a «ser el cambio que deseas ver en el mundo», un mensaje simple pero poderoso. Podemos elegir liderar no con palabras, sino con el ejemplo, incluso en los peores momentos.

En realidad, no se trata de tener un conjunto de creencias, sino de honrar a nuestros semejantes y abrir la mente y el corazón a la vida en esta tierra. Aquí presentamos algunas formas simples de aumentar la vibración energética en tu vida.

BUSCA MANERAS DE AYUDAR A LOS DEMÁS. No tiene que ser una ayuda tan grande como hacerle un chalet a alguien. Puede ser algo sencillo como llamar a la puerta de un vecino anciano para asegurarse de que está bien o hacerle un poco de compañía. Puedes hacerle caso a un niño en lugar de ignorarlo. Mira a tu alrededor. Hay muchas posibilidades de echarle una mano a alguien cada día.

DÉJATE DE CHISMORREOS. El chisme, aunque muy satisfactorio cuando adquiere aspecto de venganza hacia alguien que te ha estado amargando la vida, crea energía negativa. Éste es un tema difícil para la mayoría de nosotros porque a menudo cotilleamos sin pensar. Trata de hacer un esfuerzo e intenta no cotillear.

SÉ AMABLE. Parece una chorrada pero la amabilidad es algo en lo que no pensamos mucho, particularmente cuando estamos ocupados. Culpamos a los demás por cosas que no son culpa suya. (¿Es realmente culpa del conductor que va a paso de tortuga que tú llegues tarde al trabajo cuando te has quedado dormido?). Tendemos a centrarnos en nuestras propias circunstancias, sin tener en cuenta que todo el mundo tiene sus propios problemas. Reparte energía positiva cuando puedas. Te sorprenderá la frecuencia con la que vuelve a ti.

VIVE LA REALIDAD. No atribuyas a los demás ideas o actos. El pasado ya no está; el futuro no ha llegado y será como tenga que ser. La única certeza que tenemos es el momento presente.

RECUERDA: TODOS SOMOS UNO. Lo que me haces te afecta; lo que yo te hago me afecta también. Ninguno de nosotros vive en el vacío. No hay incidentes aislados. La crueldad es tan contagiosa como el amor, elige el amor siempre que puedas.

PIENSA QUE NADA ES PERSONAL. Como apuntamos anteriormente, te vas a topar con personas menos amables de lo deseable, sin el menor interés por alcanzar la consciencia espiritual y la iluminación. Por desagradables que sean, recuerda que nada de lo que hacen es personal. Ellos son así y punto. Imagina que eres una bombilla y que cada vez que te sientes en paz, brillas un poco más y te sientes más cálido. Ahora imagina a alguien que no tiene paz y cuya bombilla está apagada y fría todo el tiempo. Tú también te portarías mal si te sintieras así. Tener esto en mente te ayudará a no ser arrastrado a las catacumbas de los seres no iluminados y a seguir tu propio camino espiritual.

ACTÚA SIEMPRE CON AMOR. La única emoción por la que debes luchar en tus relaciones cotidianas es el amor. La hostilidad, la ira y el odio son emociones destructivas, aunque pensemos que pueden ser la forma más eficaz de hacer las cosas: «¡Haz lo que te he dicho o me aseguraré de que te despidan!». Hay mejores maneras de trabajar en equipo. Cuando nos acercamos con afecto a la gente, la energía es completamente diferente. Las cosas se hacen porque se quiere, no por miedo a lo que pasará si no lo haces.

UTILIZA LA REGLA DE ORO. Durante siglos nos han dicho que tenemos que tratar a los demás de la manera que queremos que nos traten. ¿Sabes qué es aún mejor? Tratar a los demás de la forma que quieren ser tratados. Esto requiere una gran consciencia y empatía, pero no tiene precio para la otra persona.

Quizás lo más importante que puedes hacer como principiante en el viaje espiritual es encontrar una religión o una filosofía que realmente te llegue. ¿Te sientes bien? ¿Realmente «entiendes» esas creencias o enseñanzas? ¿Te inspiran? La espiritualidad debería ser algo ligero, no forzado. Debería traer alegría y paz al día y ser algo de lo que esperas participar, pero nunca una obligación que se cumple por miedo o por seguir al rebaño. En otras palabras, lo que funciona para tus amigos, tu familia o tus padres puede no ser tu camino hacia la sabiduría, y no pasa nada si es así. No hay una sola verdad. Hay muchas formas de pensar y formas diferentes de alcanzar tu ser más elevado. Así que explora y cuando encuentres algo que te sienta bien, únete y saca provecho. ¡Recuerda que tu espíritu está destinado a volar!

Conserva el medio natural todo lo posible

Las brujas a menudo hacen hechizos para fomentar la buena salud y el bienestar para ellas y sus familias, pero también para las criaturas vivas de nuestro entorno. Si nuestras mascotas enferman, podemos llevarlas al veterinario, pero la fauna salvaje no tiene tanta suerte. Las brujas sienten que es importante participar de algún modo y hacer todo lo posible para mantener todos los seres vivos en buen estado. Si quieres participar para ayudar al medioambiente y proteger la vida silvestre de enfermedades y dolencias, camina por el bosque y recoge una bolsa de bellotas. Se considera que las bellotas poseen las propiedades de protección y buena fortuna, y cuando se recolectan más de veinte crean una barrera poderosa para evitar la negatividad. Si es una época del año sin bellotas, puedes comprarlas por Internet.

Coge algunas ramitas pequeñas del bosque para representar a la naturaleza y junta algunas hojas imitando un bosquecito. Coloca todos estos tesoros en una bolsa con cordón. Cuando vuelvas a casa, monta un altar pequeño en cualquier mesita y coloca los artículos de la siguiente manera.

Esparce un poco de sal marina sobre la mesa para purificar el espacio; luego coloca tres velas verdes en el centro y las enciendes.

Pon la bolsa frente a las velas y di este conjuro:

Espíritus de la naturaleza, tejed esta magia,
dadle poder a este hechizo con estas bellotas y hojas.
Todas las criaturas están sanas y libres,
traed protección a todo lo que vemos.

Deja que las velas se consuman por completo y luego recoge la sal y métela dentro de la bolsa. En la próxima luna llena, vuelve al bosque donde cogiste los artículos y espárcelos por el suelo.

Esta magia asegurará que todo se mantenga en equilibrio. Los animales e insectos permanecerán sanos y estarán protegidos.

Tercera parte

CREA TU PROPIA MAGIA PERSONAL

Capítulo 7

Brebajes
y
pociones caseras

SUPERHÉROES
DE LA NATURALEZA

BREBAJES DE LA BRUJA
POCIONES – HECHIZOS LÍQUIDOS

Una de las imágenes más románticas e idealizadas de las brujas es la de una bruja delante de un caldero al fuego haciendo pociones. Las brujas actuales seguimos haciendo brebajes al fuego, en ollas modernas y en la cocina, para el amor, la salud, la suerte y muchas más cosas. La única diferencia real está en los materiales: ahora usamos cocinas de gas en lugar de hogueras, y ollas de acero inoxidable en lugar de calderos. Incluso podemos usar algún que otro electrodoméstico, dependiendo de la poción.

Las pociones están ampliamente consideradas como una de las herramientas fundamentales en el kit de una bruja. Las pociones no son sino hechizos en forma líquida que pueden ingerirse por vía oral o aplicarse por vía tópica. Estos hechizos tienen formas muy diversas, desde perfumes o infusiones encantados a tinturas y lociones corporales. Algunas pociones pueden usarse en rituales y otras tienen fines meramente curativos.

Las pociones son excelentes ejemplos de lo práctica que es la brujería en la cocina (*véase* capítulo 8).

SALUD HOLÍSTICA PRÁCTICA
Hierbas de cocina y plantas comunes para pociones

Hubo un tiempo en que las infusiones y ungüentos caseros eran los únicos medicamentos disponibles para la gente. Muchos de estos remedios caseros todavía tienen validez en el mundo moderno. Hoy en día, más y más personas prefieren remedios caseros y salud holística en lugar de medicamentos de farmacia. Este enfoque holístico de la salud que trata la mente, el cuerpo y el alma juntos suele ser eficaz y práctico. La salud holística no tiene que ver con marcas orgánicas caras ni aceites de alta gama. Puedes utilizar lo que ya tienes en la cocina.

Echa un vistazo a lo que tienes en tu despensa. Es probable que encuentres cosas como pimienta de cayena, albahaca, tomillo, romero, orégano, canela, pimienta de Jamaica, perejil y semillas de mostaza. Estas hierbas y especias, así como la cebolla, el ajo y el jengibre, tienen muchas propiedades medicinales.

Busca también en tu patio o en el jardín o en un parque cercano. Verás pinos o abedules, dientes de león, varas de oro, plataneros u ortigas. Puedes encontrar bayas de saúco, arándanos, moras o frambuesas. Estas plantas son fáciles de encontrar e identificar, lo que las hace muy prácticas para remedios de cosecha propia. (Por supuesto, si no tienes este tipo de plantas en tu jardín, o si vives en una ciudad, puede encontrar fácilmente la mayoría de ellas de una forma u otra, online o en el mercado).

Puedes usar muchas de estas plantas para hacer tinturas, infusiones y decocciones. También puedes hacer jarabes, tónicos, aguas y vinagres. Al trabajar con las hierbas que tienes a mano, puedes crear tus propios remedios con un sabor distinto, a tu gusto.

El poder detrás de las plantas

Las brujas creemos que el mundo está animado por muchas fuerzas espirituales. Esta creencia se llama animismo. Cuando una bruja trabaja con una planta o cristal o hace un hechizo o ritual en un lugar específico, está trabajando con los espíritus de dichas plantas o cristales y recurriendo al espíritu de ese lugar para ayudarlas en su trabajo. La bruja y los espíritus forman asociaciones y alianzas espirituales; éstos pueden manifestarse en forma de animales (familiares de brujas), o en forma de otras plantas, cristales y ubicaciones. Al trabajar con estos espíritus a lo largo del tiempo y en varios proyectos, las relaciones se profundizan y se desarrollan. Las brujas obtienen información sobre asociaciones mágicas, propiedades y tradiciones, a menudo a través de sueños, inspiraciones o visiones. Los espíritus obtienen energía, tensión e incluso refugio físico, como es el caso de algunos animales o plantas o como un cristal que se lleva como amuleto.

Hacer una ofrenda o rezar una oración a los espíritus de los ingredientes que usaremos en los remedios de este capítulo es una forma de honrarlos por brindarnos su ayuda. Los reconocemos como nuestros aliados y les pedimos que nos ayuden.

Rezar también da poder a las pociones en los rituales mágicos y la curación. La oración es una herramienta poderosa para la salud holística, ya que puede unir la mente, el cuerpo y el

ORACIÓN DE AGRADECIMIENTO PARA LAS PLANTAS

*Al espíritu de (nombre de la planta) le agradezco su sacrificio.
Gracias por entregarte a mí para sostenerme, sanarme, ayudarme
y protegerme. Que tu esencia me llene de salud y que tus bendiciones
caigan sobre mí. Espíritu de (nombre de la planta), seas bendecido.
Gracias por tu sacrificio.*

alma. Es la herramienta más poderosa que tenemos para cultivar una conexión con el mundo espiritual, incluido nuestro propio espíritu interno.

La oración activa nuestras propias fuerzas espirituales para trabajar con los espíritus de las plantas y los atributos curativos naturales de cada una de ellas.

Esta oración es una guía para empezar. Debe recitarse antes de hacer cualquiera de las recetas de este capítulo. Si estás trabajando con varias hierbas, puedes nombrarlas todas a la vez o repetir la oración por cada hierba individualmente. Cuando empieces a trabajar con los espíritus y la energía de las plantas, descubrirás tu propia oración, con tus palabras, y puede que se te ocurra una oración diferente para cada planta que uses.

Di la oración con los ojos cerrados, de pie, con las manos sobre las hierbas y las palmas hacia abajo. Una mano está ahí para recibir su energía, y la otra para dirigir tu energía hacia ellas. Mantén esta posición unos momentos y visualiza cómo la energía espiritual de la planta reacciona a tu energía espiritual. Observa cómo la energía de la planta se eleva por una mano y la tuya baja con la otra. Esto sellará la conexión entre la planta y tú.

TISANAS Y DECOCCIONES
PARA LA SALUD

Una de las formas más fáciles de trabajar con remedios a base de hierbas es a través del uso de infusiones y decocciones: remedios de hierbas y agua en forma de pociones preparadas que se beben. Las tisanas y decocciones (así como las tinturas, que se analizan a continuación) hechas con hierbas secas, raíces o flores son todas infusiones: hierbas sumergidas en agua caliente que transfiere las propiedades de las hierbas al líquido.

El método de infusión en frío se usa para tinturas, donde las propiedades de las plantas son absorbidas y liberadas al líquido con el tiempo. Las infusiones calientes se usan para tisanas y decocciones, en las que las propiedades herbales se liberan en el líquido a través del calor y la cocción.

Una decocción se hace con las partes leñosas y menos agradables de la planta, como las raíces y cortezas. Cuando la planta se hierve en el agua, se pone a fuego lento y se deja cocer de quince a veinte minutos (cuanto más resistente sea la materia vegetal, más tiempo tendrá que cocer a fuego lento). Cuando esté cocida, se deja enfriar, se cuela y se presiona la planta a través de una gasa o un colador. La mezcla está lista para beber.

Para las infusiones, generalmente se usan las flores, hojas, frutos y/o tallos. En una infusión no se deja hervir el agua, pero si hierve hay que esperar a que se enfríe un poco antes de incorporar las hierbas. En cualquier caso, una infusión nunca se debe hacer con agua hirviendo. Cuando el agua comience a humear, se retira del fuego. No deben dejarse las hierbas en infusión mucho rato, todo depende de la planta, pero basta entre dos y cinco minutos. Después se cuelan. Se puede beber la infusión de inmediato, o si la prefieres helada, puedes meterla en la nevera de treinta minutos a una hora o ponerle cubitos de hielo. Como se mencionó precedentemente, puedes trabajar con hierbas secas o hierbas frescas si están disponibles, aunque algunas de las hierbas comentadas en este capítulo, como la menta y la manzanilla, están disponibles en bolsitas en el mercado listas para usar. Ésta es una forma perfectamente aceptable de trabajar con infusiones.

Hierbas para tisanas y decocciones

La siguiente lista incluye las hierbas y especias más populares y los problemas de salud que pueden abordar. Todo lo que necesitas para hacer la tisana o la decocción es una tetera o una olla para hervir el agua y algo para contener las especias o los componentes de la planta que se vaya a infundir. Si usas una bola de infusiones, pon sólo una pizca de cada planta o especia. En el caso de que utilices una olla de infusión o algo similar, puedes poner aproximadamente ¼ de cucharadita de cada ingrediente. Una vez más, las hierbas pueden prepararse en infusión o decocción, dependiendo de la parte utilizada de la planta. Si usas las semillas, cortezas o raíces, emplea el método de decocción. Si vas a poner flores, hojas, frutos o tallos, utiliza el método de infusión. Cuando se mezclan plantas diferentes en la misma infusión, se llama tisana. Si tienes que hacer una combinación de partes que combinen flores y cortezas, por ejemplo, haz una decocción pero espera a que se enfríe para tomártela.

AGUJAS DE PINO Expectorante; antiséptico; alivia la tos, los resfriados, la fiebre y la congestión.

AJO (para jarabe) Antiséptico; alivia la arteriosclerosis y el reumatismo; infecciones del oído, infecciones del tracto urinario; apoya el colesterol bueno; ayuda a bajar la presión arterial; fortalece el sistema inmune; expectorante; reduce los riesgos de cáncer de colon, recto y próstata (no lo tomes con los medicamentos utilizados para el VIH/SIDA ni con medicamentos anticoagulantes).

ALBAHACA Alivia dolores de cabeza, indigestión, espasmos musculares, insomnio, dolor de oído; reduce el estrés y la tensión; mejora la piel.

BAYAS DE SAÚCO Protege de los resfriados y de la gripe.

CALÉNDULA Reduce la fiebre y la diarrea; calma.

CANELA Alivia el dolor de garganta y la tos; antiinflamatorio (evítala si tomas medicamentos para la diabetes).

CATNIP Alivia el dolor de la dentición, los cólicos, la diarrea, la indigestión, la ansiedad.

CEBOLLA (para jarabe) Ayuda a bajar la presión arterial sistólica, alivia los resfriados, antiséptico (evítala si tomas medicamentos anticoagulantes); mejora la circulación; antiséptico; antidepresivo; alivia la indigestión.

FLOR DE SAÚCO Reduce la fiebre (evítala si tomas medicamentos que disminuyan el sistema inmunitario).

GINKGO Alivia la ansiedad, el vértigo, los acúfenos; mejora la circulación, ayuda a la concentración; ayuda a la visión y al síndrome premenstrual (evita tomarlo con ibuprofeno o con medicamentos anticoagulantes; numerosos medicamentos tienen interacciones con el ginkgo; hablarlo con el médico antes de tomar).

GINSENG Afrodisíaco; estimulante leve; estimula el sistema inmunitario (no lo tomes con medicamentos anticoagulantes ni con medicamentos para la diabetes o inhibidores de la MAO).

HOJAS DE DIENTE DE LEÓN Diurético suave, rico en potasio (comenta su uso con el médico si estás tomando medicamentos para el hígado); contra la indigestión, calambres gastrointestinales, gripe; antiséptico (puede causar insomnio, evítalo si usas litio o sedantes).

JENGIBRE Alivia las náuseas matutinas, las náuseas, los cólicos, la indigestión, la diarrea, la fiebre y el dolor de garganta (evita tomar medicamentos anticoagulantes).

LAVANDA Alivia la ansiedad, dolores de cabeza, tensión, estrés, indigestión, síndrome del intestino irritable; antibacteriana antiséptica; desinfectante (puede causar somnolencia, evítala si tomas sedantes).

MANZANILLA Reduce el insomnio, ansiedad, estrés, fiebre, artritis, indigestión; ayuda con el sueño y el alivio del dolor (puede disminuir la eficacia de las píldoras anticonceptivas y de algunos medicamentos para el cáncer, y puede aumentar los efectos de la warfarina; comenta su uso con tu médico si estás tomando medicamentos para el hígado).

MELISA Alivia la ansiedad, el herpes labial, los cólicos, el insomnio. la inquietud, la indigestión; aumenta la memoria (puede causar somnolencia, evítala si tomas sedantes).

MENTA Alivia las náuseas, la ansiedad, la indigestión, el síndrome del intestino irritable, los cólicos, la diarrea, la fiebre, la tos, los resfriados; anestésico (evítalo si tienes reflujo ácido; evita tomar con ciclosporina; comenta con el médico si estás tomando algún medicamento para el hígado).

MORAS (hojas o raíces) Reduce la diarrea (*nota: Las raíces de mora se usan como decocción, mientras que las hojas de mora se usan para infusión*).

ORTIGA Alivia la fiebre del heno y la artritis; diurético (evítala si tomas medicamentos para la diabetes o para la presión arterial alta, sedantes, anticoagulantes o litio).

PEREJIL Ayuda con deficiencia de hierro, anemia, fatiga; diurético (no tomar si se usan anticoagulantes o si se tiene diabetes).

PIMIENTA DE CAYENA Calma la tos, los resfriados, la artritis, el dolor nervioso, la fiebre, la gripe; expectorante (evítala si tomas medicamentos anticoagulantes y con teofilina).

RAÍZ DE ANGÉLICA Alivia los resfriados y la gripe, reduce la flema y la fiebre; expectorante (no lo uses si eres diabético).

RAÍZ DE DIENTE DE LEÓN Desintoxicante, ayuda a la digestión, alivia el estreñimiento, laxante (evítala si tomas antibióticos, litio o diuréticos).

ROMERO Mejora la memoria, la concentración, la presión arterial (produce somnolencia, evita si tomas sedantes).

TOMILLO Antibacteriano, antiséptico; alivia la tos y los resfriados, expectorante (no lo tomes con medicamentos anticoagulantes).

VARA DE ORO Alivia la gota y los calambres.

Ésta es sólo una pequeña lista de las muchas hierbas que pueden convertirse en infusiones o decocciones. Cada una de ellas se puede usar individualmente en una sola infusión o se puede combinar con otras haciendo una tisana.

Tisanas y decocciones saludables

Ahora que tienes una lista de hierbas para trabajar, es hora de analizar las mezclas de hierbas para las diferentes necesidades.

Nota importante: Las cantidades enumeradas aquí son para hierbas secas, flores y especias. Los ingredientes secos son preferentes para infusiones. Si quieres emplear hierbas frescas para decocciones, y si están disponibles, duplica la cantidad. Véase las precauciones e interacciones en la lista de hierbas de las páginas 210-212.

Alivio de la ansiedad

¼ de cucharadita de manzanilla
¼ de cucharadita de melisa

Refuerzo de humor

¼ de cucharadita de lavanda
¼ de cucharadita de catnip
¼ de cucharadita de romero

Artritis / dolor en las articulaciones

¼ de cucharadita de vara de oro
¼ de cucharadita de pimienta de cayena molida
Nota: Después de que la infusión se enfríe, aplícala frotando el líquido en el área afectada.

Circulación

¼ de cucharadita de hoja de ginkgo
¼ de cucharadita de jengibre
¼ de cucharadita de romero

Alivio del frío

¼ de cucharadita de flor de saúco
¼ de cucharadita de tomillo

Alivio de espasmos gastrointestinales

¼ de cucharadita de albahaca
¼ de cucharadita de caléndula
¼ de cucharadita de vara de oro

Alivio de la diarrea

¼ de cucharadita de raíz de mora
¼ de cucharadita de catnip

Energizante

¼ de cucharadita de ginseng
¼ de cucharadita de menta

Expectorante

¼ de cucharadita de agujas de pino
¼ de cucharadita de hoja de ortiga
¼ de cucharadita de raíz de angélica

Alivio de la fatiga

¼ de cucharadita de ginseng
¼ de cucharadita de melisa

Descenso de la fiebre

⅛ de cucharadita de pimienta de cayena
¼ de cucharadita de raíz de angélica

Alivio de la gripe

¼ de cucharadita de caléndula
¼ de cucharadita de melisa

Alivio del dolor de cabeza

¼ de cucharadita de albahaca
¼ de cucharadita de tomillo
¼ de cucharadita de lavanda

Refuerzo del sistema inmunitario

½ cucharadita de saúco seco
¼ de cucharadita de ortiga
¼ de cucharadita de caléndula

Alivio de la indigestión

½ cucharadita de jengibre
¼ de cucharadita de melisa
¼ de cucharadita de menta

Para dormir

½ cucharadita de manzanilla
¼ de cucharadita de catnip
¼ de cucharadita de lavanda

Alivio de dolor de garganta

⅛ de cucharadita de canela
⅛ de cucharadita de jengibre
Nota: Añade miel después.

Alivio del estrés

¼ de cucharadita de albahaca
¼ de cucharadita de manzanilla
¼ de cucharadita de lavanda
¼ de cucharadita de menta

Limpieza interna

¼ de cucharadita de hoja
    de diente de león
⅛ de cucharadita de vara
    de oro
⅛ de cucharadita de
    perejil

INFUSIONES MÁGICAS

Al trabajar con pociones holísticas para la salud, puedes llevar la magia a tu cuerpo y a tu vida diaria. Muchas de las mismas hierbas que usamos para la salud también se pueden usar para los rituales y el trabajo espiritual. La magia no es lujosa, no necesita parafernalia ni requiere hierbas caras de lugares exóticos. La magia más eficaz es la que usa lo que tienes disponible cerca de tu casa. Cualquier trabajo mágico se puede

hacer con las hierbas que tienes en la cocina o caminando por el bosque.

La salud holística también se ocupa de la salud del espíritu. Aprovechamos la magia para manifestar cambios en el mundo. Es a través del trabajo con las asociaciones mágicas de hierbas como realmente podemos conseguir una salud integral y equilibrar la mente, el cuerpo y el alma.

Hacer infusiones mágicas sigue el mismo proceso que hacer infusiones curativas (*véase* páginas 208-209). La magia se introduce a través de la intención, que se dirige mediante conjuros, oraciones, mantras y, ocasionalmente, la visualización de luces de colores. Las oraciones y los conjuros proporcionan instrucciones para los espíritus de las plantas, que trabajan para lograr los cambios deseados.

Trabajar con infusiones en magia es una forma de cocina mágica o cocina brujeril (*véase* capítulo 8, página 250). Al beber infusiones mágicas, estás metiendo la magia dentro de tu cuerpo. Esta forma de magia refleja el axioma alquímico «como es arriba, es abajo; como es adentro, es afuera». Al meter la magia dentro de ti, empezarás a ver cambios fuera.

Infusiones mágicas curativas

Todas las mezclas de hierbas para infusiones, decocciones y jarabes, mencionados así hasta ahora en este capítulo, también se pueden usar de forma mágica. Basta con la receta, buscar los atributos mágicos correspondientes en la lista de las páginas 217-219 y seguir estos pasos:

Paso 1:

Mientras haces la poción, imagínate cubierto de luz azul o verde (cualquier color que para ti represente la curación).

Paso 2:

Mientras bebes la poción, visualiza una luz azul o verde saliendo del líquido. En cuanto la ingieras, la luz comenzará a irradiarse desde dentro de tu cuerpo y luego hacia el mundo que te rodea. Visualiza cómo llega al cielo (arriba) y a la tierra (abajo) extendiendo tu voluntad y deseo al universo. Si eres una de las personas a las que le gustan las afirmaciones y los encantamientos, prueba con este conjuro:

Las hierbas crecen naturalmente,
salud y bienestar vienen a mí.

El simple uso de una afirmación poniendo toda la intención y emoción se convierte en una acción mágica. Al preparar las infusiones con la intención de ser curado y añadiendo fuerza emocional a la tisana, el acto de beberla liberará y dirigirá la energía creando una poderosa magia.

Hierbas para tisanas mágicas

Todas las hierbas utilizadas en las tisanas medicinales de las páginas 213-214 también tienen atributos mágicos. Éstos se enumeran aquí. A medida que trabajes con los espíritus de las plantas, comenzarás a aprender qué propiedades de las plantas son más importantes o más necesarias para ti. Por ejemplo, Charity trabajó mucho con caléndula para la curación y el desarrollo psíquico antes de que el espíritu de la caléndula la animara a trabajar con ella en hechizos de dinero. Pronto empezó a tener éxito con caléndula en la obtención de dinero. Deja que los espíritus te guíen y tus poderes crecerán día a día.

AGUJAS DE PINO Eliminación del mal, dinero, limpieza, curación, fertilidad, protección, exorcismo.

ALBAHACA Amor, exorcismos, riqueza, viajes astrales, rituales para los difuntos, bendecir la casa, trabajo ancestral, invocar y trabajar con espíritus de dragón, llamar en un hechizo a la energía dracónica o basada en el espíritu del dragón, protección, atraer dinero.

CALÉNDULA Dinero, prosperidad, salud, desarrollo psíquico, protección, sueños proféticos, asuntos legales, poderes psíquicos, curación (puede causar somnolencia, evítala si tomas sedantes).

CANELA Sexualidad, lujuria, riqueza, dinero, consagración, purificación, amor (evítala si tomas medicamentos para la diabetes).

CATNIP Amor, belleza, felicidad, recurrir a la energía de los gatos, trabajar con espíritus de gato, utilizado como una ofrenda para los espíritus de gato, romper hechizos ajenos, fertilidad, poderes psíquicos (puede causar somnolencia, evitar con litio o sedantes).

DIENTE DE LEÓN (raíz y hoja) Purificación, manifestación de deseos, enriquecimiento, dinero (evitar si tomas antibióticos, litio o diuréticos; comenta su uso con el médico si estás tomando medicamentos para el hígado porque puede disminuir el sistema inmune, disminuye la eficacia de las píldoras anticonceptivas y de algunos medicamentos contra el cáncer, y puede aumentar los efectos de la warfarina).

GINKGO Curación, claridad mental, fertilidad; evita tomarlo con ibuprofeno o medicamentos anticoagulantes; (numerosos medicamentos tienen interacciones con el ginkgo, comenta su uso con el médico antes de tomarlo).

GINSENG Fertilidad, sexualidad, lujuria, manifestación de deseo, curación, belleza, protección (no lo tomes con medicamentos anticoagulantes; evítalo si tomas medicamentos para la diabetes o con inhibidores de la MAO).

HOJA DE ORTIGA Protección, exorcismo, curación, lujuria (evítala si tomas sedantes, litio o medicamentos para la diabetes, la presión arterial alta o anticoagulantes).

JENGIBRE Amor, dinero, éxito, poder, protección (evítalo si tomas medicamentos anticoagulantes).

LAVANDA Amor, protección, purificación, felicidad, paz, curación, meditación, habilidades psíquicas (puede causar somnolencia, evítala si tomas sedantes).

MANZANILLA Protección, suerte, dinero, sueño, paz, purificación (puede disminuir la eficacia de los anticonceptivos orales y de algunos medicamentos contra el cáncer y puede incrementar los efectos de la warfarina. Pregunta a tu médico en el caso de que tengas problemas de hígado).

MELISA Amor, éxito, curación, limpieza (puede causar somnolencia, evítala si tomas sedantes).

MENTA Purificación, amor, curación, poderes psíquicos (evítala si tienes reflujo ácido; evita si tomas ciclosporina; habla con el médico sobre su uso si estás tomando algún medicamento para el hígado).

MORA Curación, dinero, protección, exorcismo.

PEREJIL Curación, fortuna, éxito, lujuria, protección, purificación, veneración a los antepasados, trabajar con difuntos, viajar al plano de los difuntos, invocar la energía de la muerte y la descomposición (no tomarlo con medicamentos anticoagulantes ni con diuréticos).

PIMIENTA DE CAYENA Fidelidad, ruptura de maleficios, protección, eliminación de bloqueos y energía negativa, superar obstáculos, fuego, fuerza, pasión (evita tomarla con medicamentos anticoagulantes y con teofilina).

RAÍZ DE ANGELICA Trabajo, protección, eliminación de maleficios, exorcismos.

ROMERO Limpieza, ayuda de los espíritus, amor, concentración mental, protección, lujuria, exorcismo, curación, salud, meditación, adivinación (no tomarlo si eres diabético).

SAÚCO Exorcismo, protección, curación, prosperidad, sueños, protección contra la brujería (evita tomarlo con medicamentos que depriman el sistema inmunitario).

TOMILLO Salud, curación, sueños, poderes psíquicos, amor, purificación, coraje, buena suerte (no lo tomes con medicamentos anticoagulantes).

VARA DE ORO Dinero, adivinación (puede causar somnolencia, evítala si tomas sedantes).

Trabajar con espíritus

Podemos conectar con los espíritus a través de la meditación, la oración y el trance. Hay muchas maneras diferentes de trabajar con espíritus, desde oraciones y mantras hasta invocaciones mediante hechizos y rituales. Algunas hierbas, como el perejil, pueden ayudarte en este tema. Cuando trabajas con un espíritu, te pones en contacto con él y le pides que te ayude con tus hechizos o rituales.

Para hacer una tisana mágica, observa las propiedades de las hierbas y elige las que creas que se adaptarán mejor al trabajo que tienes por delante. No tengas miedo de aprovechar las diferentes asociaciones de las hierbas para trabajar con ellas. Por ejemplo, la caléndula es buena para la protección, el dinero y la prosperidad. Puedes usar una infusión de esta planta para saber que tu dinero o estabilidad financiera está protegida y que continuará siendo próspera y exitosa. Si añades agujas de pino a la tisana, tendrás fertilidad, y si unes este concepto con el dinero, estarás incorporando el elemento fertilidad para que tus ganancias se multipliquen.

Recetas de tisanas mágicas

Las siguientes infusiones están diseñadas para propósitos mágicos específicos. Las tisanas de dinero atraen ganancias y las protegen, reduciendo el estrés en torno a situaciones financieras perjudiciales. La tisana de ayuda espiritual te ayudará a conocer tus guías espirituales y ayudantes diversos. Las tisanas de protección mejoran tu protección espiritual al tiempo que eliminan las energías negativas. La tisana de limpieza elimina la negatividad y trae bendiciones. La tisana de mejora psíquica abre canales psíquicos. Y la tisana de adivinación permite claridad durante la adivinación.

Nota importante: Las cantidades enumeradas aquí son para hierbas secas, flores y especias. Los ingredientes secos son preferibles para las tisanas. Si quieres usar ingredientes frescos para decocciones, y si están disponibles, duplica la cantidad. Véase las precauciones e interacciones en la lista de hierbas de las páginas 217-219.

Atraer y proteger dinero

¼ de cucharadita de vara de oro
¼ de cucharadita de manzanilla
¼ de cucharadita de albahaca

Ayuda espiritual

¼ de cucharadita de perejil
¼ de cucharadita de romero

Amor y lujuria

⅛ de cucharadita de canela
¼ de cucharadita de catnip
¼ de cucharadita de ginseng

Exorcismo

¼ de cucharadita de raíz de angélica
¼ de cucharadita de hoja de ortiga
¼ de cucharadita de flor de saúco

Limpieza

¼ de cucharadita de diente de león
¼ de cucharadita de melisa
¼ de cucharadita de tomillo

Protección

¼ de cucharadita de agujas de pino
¼ de cucharadita de saúco
¼ de cucharadita de hojas de mora

Adivinación

¼ de cucharadita de vara de oro
¼ de cucharadita de menta

Desarrollo psíquico

¼ de cucharadita de caléndula
¼ de cucharadita de hoja de ginkgo
¼ de cucharadita de lavanda

TINTURAS Y TÓNICOS PARA LA SALUD

Las tinturas y los tónicos son dos remedios caseros divertidos y fáciles. Una tintura es básicamente una infusión de hierbas con una base de alcohol. Un tónico, por otro lado, siempre lleva glicerina vegetal o vinagre de manzana como base. El alcohol utilizado en las tinturas debe ser al 100 % o 50 % alcohol puro, razón por la cual la mayoría de los vodkas y ginebras se pueden utilizar para crear tinturas. Para las personas que tienen dificultades para lidiar con el alcohol de cualquier tipo, las tinturas también se pueden hacer con glicerina vegetal o vinagre de manzana. Las tinturas hechas con estas otras dos opciones no serán tan potentes, pero seguirán teniendo algo de eficacia como remedios caseros.

Elaboración de tinturas y tónicos

Las herramientas necesarias para elaborar tinturas y tónicos son bastante simples. Necesitas dos tarros de cristal; gasa o muselina; las hierbas, plantas o especias que vayas a usar; tazas medidoras; un molinillo de hierbas; alcohol para tinturas (glicerina vegetal o vinagre de manzana para tónicos). Una vez que los remedios estén preparados, necesitarás una herramienta para medir la dosis. Las jeringas que vienen en los medicamentos infantiles funcionarán perfectamente. Los pasos generales para crear todas las recetas de esta sección son iguales: prepara los ingredientes y luego llena el frasco con las hierbas, plantas o especias. Añade el alcohol o el sustituto de alcohol. (Si vas a usar vinagre de manzana como base, deberás colocar la muselina en la boca del frasco antes de enroscar la tapa). Consérvalo en un lugar fresco y oscuro durante un mes (algunos pueden requerir refrigeración, y eso se notará) agitando el tarro dos veces al día. Tras un mes, cuela la tintura con una gasa y métela en el segundo tarro (exprime la gasa para sacar la mayor cantidad de líquido posible). Llena el resto del frasco con agua destilada. Así se diluirá el alcohol para que puedas ingerirlo directamente. Ya tienes la tintura preparada.

En las tinturas, la regla general es una proporción 1:4 de hierbas/alcohol. Es decir, por cada parte (total) de hierbas, necesitarás cuatro partes de alcohol. Una forma de medir la proporción es cubrir las hierbas con el alcohol hasta que empiecen a flotar. Deja que las hierbas vayan absorbiendo el alcohol y se calmen un poco; luego incorpora un poco más de alcohol hasta que la mezcla esté completamente saturada.

Hierbas y plantas en tinturas y tónicos para la salud

Las siguientes hierbas y plantas quedan mejor en tinturas o tónicos. Algunas de ellas funcionan mejor cuando se combinan con otras plantas. Es posible que muchas de estas mezclas no estén muy ricas, pero funcionarán.

AJENJO Alivia la indigestión y los trastornos estomacales; afrodisíaco (evita tomarlo con anticonvulsivos).

AJO Antiséptico; alivia la aterosclerosis, el reumatismo, las infecciones del oído, los síntomas de las infecciones del tracto urinario; apoya el colesterol bueno; ayuda a bajar la presión arterial; fortalece el sistema inmune; expectorante. Reduce el riesgo de cáncer colorrectal y prostático. (No tomar con isoniazida, ni con medicamentos para el VIH/SIDA).

ALFALFA Refuerzo de energía, laxante, limpiador (evita tomarla con anticoagulantes).

ALOE VERA (zumo) Alivia la piel, antiséptico (sólo para uso externo).

ANGÉLICA (fruto o semillas) Alivia la indigestión, gases, gota; equilibra el sistema nervioso (no lo uses si eres diabético).

AQUILEA Antiséptico, alivia el dolor, la fiebre del heno, los resfriados, las fiebres, los calambres menstruales (no la tomes con medicamentos anticoagulantes, evita tomarlo con litio o sedantes).

ARTEMISA Alivia los calambres menstruales, los espasmos estomacales, las fiebres, los resfriados (no lo tomes si estás embarazada).

BERGAMOTA Alivia resfriados, fiebres, tos, náuseas, indigestión, calambres menstruales (evita tomarla con medicamentos fotosensibilizantes).

CEBOLLA Ayuda a bajar la presión arterial sistólica, alivia los resfriados; antiséptica (evítala si tomas medicamentos anticoagulantes).

CEDRO (ramitas frondosas secas) Alivia la gota, antiviral natural, fortalece el sistema inmunitario (puede causar somnolencia, evítalo si toma sedantes).

CITRONELA Apoya el colesterol bueno; antibacteriana, desintoxica; alivia el estreñimiento, náuseas, diarrea, insomnio, tos, resfriados, fiebres, ansiedad, estrés y fatiga; fortalece el sistema inmunitario.

CLAVO Alivia las náuseas y la indigestión; antiséptico, expectorante.

CORTEZA DE ESCOBA DE BRUJA (Avellano de bruja) Alivia el dolor, la diarrea, los resfriados, las fiebres, las úlceras, la colitis; antiséptica.

CÚRCUMA Antiinflamatorio, reduce el colesterol (evita tomarlo con medicamentos anticoagulantes).

ECHINACEA Alivia los resfriados, antibacteriana, antinflamatoria, estimula el sistema inmunológico (interactúa con varios medicamentos, habla con el médico antes de tomarla).

ESCUTELARIA Alivia dolores de cabeza, estrés, tensión menstrual, insomnio, ansiedad; sedante.

GORDOLOBO Alivia el asma, la tos, los resfriados, la diarrea, las hemorroides; expectorante; diurético.

HIDRASTIS (raíces y hojas) Ayuda a la digestión; alivia los resfriados, la fiebre del heno, los calambres menstruales (evítala si tomas medicamentos para el hígado).

HISOPO Alivia los resfriados, fiebres, dolor de garganta, asma, reumatismo, indigestión; expectorante.

HOJA DE CONSUELDA Alivia la artritis, el reumatismo, la tos, los resfriados, la diarrea y el asma; antibacteriana (no tomar con medicamentos para el hígado).

LAUREL Alivia la indigestión, la tos, los resfriados, las fiebres (no lo tome con ningún narcótico o sedante).

LIMÓN Mejora el sistema inmunológico, ayuda a prevenir los cálculos renales, alivia la indigestión, los constipados y el dolor de muelas.

NARANJA Baja la presión arterial, reduce el colesterol, alivia la artritis y la ansiedad, estabiliza el estado de ánimo, estimula el sistema inmunológico; laxante (no tomar con celiprolol, ivermectina o pravastatina).

NUEZ MOSCADA Estimula el sistema digestivo; alivia la diarrea, las náuseas y la ansiedad (evita tomarla con medicamentos para el hígado).

PIMIENTA DE JAMAICA Alivia la indigestión, resfriados y tos; reduce la urticaria y la hinchazón (evita tomarla con medicamentos anticoagulantes).

PIMIENTA NEGRA Antifúngica, cura úlceras, alivia la artritis.

RÁBANO PICANTE Antiséptico; antibacteriano expectorante; alivia la gripe, resfriados, tos, síntomas de infecciones del tracto urinario; diurético; estimulante del apetito; (evita tomarlo con medicamentos para la tiroides).

RAÍZ DE BARDANA Laxante; reduce la anemia, alivia la fatiga, ayuda al sistema digestivo (no la tomes con digoxina, medicamentos diuréticos o medicamentos anticoagulantes).

RAÍZ VALERIANA Alivia el insomnio (no la tomes con alcohol, sedantes o ansiolíticos).

RUDBECKIA Alivia la hinchazón, el dolor de espalda y el dolor de oído; refuerzo inmunológico.

SAUQUILLO Alivia la artritis, el reumatismo y los calambres menstruales.

SEMILLAS DE CILANTRO Ayuda en la digestión; afrodisíacas; refuerza el sistema inmune.

TRÉBOL (rojo) Alivia la tos, los resfriados, la bronquitis (evite tomarlo con medicamentos anticoagulantes y con tamoxifeno; puede disminuir la eficacia de las píldoras anticonceptivas y los medicamentos para el hígado).

UVA DE OSO (*Arctostaphylos uva-ursi*) Antiséptico, alivia los síntomas de las infecciones del tracto urinario (no la uses si estás embarazada o amamantando o si tienes irritación estomacal o enfermedad renal; evita tomarla con litio).

RECETAS DE TINTURAS PARA PROBLEMAS COMUNES DE SALUD

Es hora de empezar a hacer tinturas. Una tintura tiene una vida útil aproximada de un año. La dosis para una tintura es de una a tres gotas directamente debajo de la lengua, dos o tres veces al día según sea necesario, durante un máximo de siete o diez días.

Puedes añadir las tinturas a una pequeña cantidad de agua o zumo si tienes dificultades para tomar la dosis directa. *Véase* las precauciones e interacciones en la lista de hierbas de las páginas 224-227.

Nota: Para todas estas recetas, las hierbas y especias se pueden secar y moler, o secar y picar finamente, a menos que se especifique lo contrario.

Artritis y gota

Alivio de la artritis

Nota: Esta tintura se puede usar tanto externa como internamente según sea necesario.

1/4 de taza (60 ml) de zumo de aloe vera
4 cucharadas de pimienta negra
1/2 taza (26 g) de sauquillo molido
1/2 taza (56 g) de cúrcuma molida
6 tazas (1,4 l) de alcohol

Alivio de la gota

Nota: Sólo para uso externo.

1/2 taza (16 g) de hoja de angélica
1/2 taza (50 g) de uva de oso (*Arctostaphylos uva-ursi*)
4 cucharadas de rudbeckia
1/4 de taza (26 g) de cedro, ramitas con hojas, picadas
6 tazas (1,4 l) de alcohol

Remedios «anti»

Nota: Todas las tinturas «anti» de esta sección son sólo para uso externo. Para usar, aplica unas gotas en el área afectada.

Antibacteriano

4 cucharadas de hoja de consuelda
½ taza (16 g) de flores de equinácea
4 cucharadas de tallos de citronela
    picados
1 cucharada de cúrcuma molida
4 tazas (960 ml) de alcohol

Antifúngico

4 cucharadas de pimienta negra
½ taza (56 g) de cúrcuma molida
4 tazas (960 ml) de alcohol

Antimicrobiano

¼ de taza (60 ml) de zumo de aloe vera
½ taza (16 g) de flores de equinácea
2 dientes de ajo picados
½ taza (40 g) de raíz hidrastis
¼ de taza (3,5 g) de rábano picante
8 tazas (1,9 l) de alcohol

Antiséptico

¼ de taza (25 g) de uva de oso
    (Arctostaphylos uva-ursi)
4 cucharadas de clavo
½ taza (16 g) de hojas de aquilea
½ taza (26 g) de corteza de hamamelis
6 tazas (1,4 l) de alcohol

Ansiedad y estrés

Alivio de la ansiedad

½ taza (40 g) de raíz de valeriana, molida
1 taza (225 g) de cáscara de naranja,
    seca y picada
½ taza (16 g) de hojas de escutelaria
6 tazas (1,4 l) de alcohol

Alivio del estrés

4 cucharadas de hojas de citronela
    picadas
4 cucharadas de escutelaria
4 tazas (950 ml) de alcohol

Presión sanguínea, azúcar en sangre y colesterol

Reducir la presión arterial

4 dientes de ajo picados
½ taza (75 g) de cebolla picada
4 tazas (960 ml) de alcohol

Equilibrio de azúcar en sangre

4 cucharadas de alfalfa
¼ de taza (56 g) de cáscara de limón, picada
4 tazas (960 ml) de alcohol

Reducir el colesterol

2 dientes de ajo picados
½ taza (32 g) de tallos de citronela, picados
½ taza (112 g) de cáscara de naranja, seca y picada
6 tazas (1,4 l) de alcohol

Resfriados, tos y problemas respiratorios

Alivio del frío

1 cucharada de pimienta de Jamaica molida
5 hojas de laurel
½ taza (75 g) de cebolla
½ taza (16 g) de hojas de trébol, frescas
1 taza (225 g) de cáscara de naranja, seca y picada
8 tazas (1,9 l) de alcohol

Expectorante

4 cucharadas de clavo
¼ de taza (16 g) de flores de hisopo
4 tazas (1,4 l) de alcohol

Calmar la respiración

¼ de taza (16 g) de hoja de consuelda
½ taza (16 g) de hisopo
¼ de taza (56 g) de cáscara de limón, seca y picada
½ taza (16 g) de hojas de gordolobo
6 tazas (1,4 l) de alcohol

Fiebres y gripe

Descenso de la fiebre

2 cucharadas de pimienta de cayena
5 hojas de laurel
1 taza (14 g) de rábano picante
½ taza (16 g) de artemisa
6 tazas (1,4 l) de alcohol

Alivio de la gripe

5 hojas de laurel
1 taza (32 g) de hisopo
1 cucharada de cúrcuma molida
6 tazas (1,4 l) de alcohol

Estreñimiento, diarrea, indigestión y alivio de las náuseas

Alivio de las náuseas

½ taza (52 g) de clavo
½ taza (43 g) de jengibre
¼ de taza (16 g) de tallos de citronela,
  picados
6 tazas (1,4 l) de alcohol

Alivio de la diarrea

½ taza (120 ml) de zumo de aloe vera
½ taza (16 g) de hoja de consuelda
¼ de taza (16 g) de tallos de citronela,
  picados
4 cucharadas de gordolobo
6 tazas (1,4 l) de alcohol

Alivio de la indigestión

1 cucharada de hojas de bergamota
½ taza (16 g) de hisopo
4 cucharadas de ajenjo
8 tazas (1,9 l) de alcohol

Favorecer la digestión

1 cucharada de nuez moscada
½ taza (40 g) de semillas de cilantro
4 cucharadas de hidrastis
½ taza (16 g) de melisa
½ taza (16 g) de acedera
8 tazas (1,9 l) de alcohol

Alivio del estreñimiento

½ taza (16 g) de alfalfa
½ taza (112 g) de cáscara de limón, seca
  y picada
½ taza (49 g) de raíz de hidrastis
½ taza (16 g) de acedera
8 tazas (1,9 l) de alcohol

Ayuda para la fatiga, el sueño y la estabilización del estado de ánimo

Alivio de la fatiga

1 cucharada de pimienta de Jamaica
4 cucharadas de alfalfa
½ taza (32 g) de tallos de citronela, picados muy finos
½ taza (16 g) de acedera
8 tazas (1,9 l) de alcohol

Estabilizador del estado de ánimo

½ taza (16 g) de hoja de angélica
½ taza (112 g) de cáscara de naranja seca, picada
4 tazas (960 ml) de alcohol

Ayuda para dormir

1 taza de manzanilla
½ taza (16 g) de lavanda
½ taza (32 g) de tallos de citronela picados
1 taza de menta
½ taza (16 g) de escutelaria
½ taza (40 g) de raíz de valeriana
12 tazas (2,8 l) de alcohol

Impulsores del sistema inmunitario

Refuerzo inmunológico

½ taza (16 g) de rudbeckia
½ taza (16 g) de equinácea
4 cucharadas de semillas de cilantro
½ taza (112 g) de cáscara de naranja, seca y picada
8 tazas (1,9 l) de alcohol

Antivírico

10-15 chips de corteza de cedro
¼ de taza (56 g) de cáscara de limón, seca y picada
¼ de taza (56 g) de cáscara de naranja, seca y picada
½ taza (7 g) de rábano picante
1 cucharada de cúrcuma molida
6 tazas (1,4 l) de alcohol

Remedios Adicionales

Alivio de los espasmos menstruales

½ taza (26 g) de sauquillo, seco y molido
½ taza (16 g) de artemisa
4 cucharadas de escutelaria
4 cucharadas de aquilea
6 tazas (1,4 l) de alcohol

Infección del tracto urinario Alivio de los síntomas

¼ de taza (50 g) de uva de oso
4 cucharadas de rudbeckia
4 dientes de ajo picados
½ taza (7 g) de rábano picante
4 cucharadas de aquilea
8 tazas (1,9 l) de alcohol

Alivio de una úlcera

1 cucharada de pimienta negra
1 cucharada de cúrcuma molida
½ taza (120 ml) de zumo de aloe vera
½ taza (26 g) de corteza de hamamelis
4 tazas (960 ml) de alcohol

Infecciones del oído

1 taza (32 g) de rudbeckia
2 dientes de ajo picados
4 cucharadas de albahaca
8 tazas (1,9 l) de alcohol

Hemorroides

Nota: Sólo para uso externo.
½ taza (16 g) de gordolobo
½ taza (16 g) de aquilea
4 tazas (960 ml) de alcohol

TINTURAS MÁGICAS

Las tinturas son una excelente manera de trabajar con tu poder espiritual. Pueden quemarse como incienso, usarse para ungir velas, como perfume o ingerirse, dependiendo del trabajo que se haga. El alcohol es una ofrenda común a los espíritus. Cuando se trabaja con tinturas, la base de alcohol activa los espíritus en las plantas. Alimenta el espíritu, permitiendo que su energía se infunda en la tintura. Los trabajos mágicos con tinturas aprovechan los poderes profundos dentro de nuestros propios espíritus, así como los de la planta. Al hacer una tintura para magia, queda cargada de oraciones y bendiciones. Agita la tintura dos veces al día para dirigir tu energía hacia el frasco y activar la magia dentro de las hierbas. Di una oración o un conjuro mientras la agitas; puedes usar la de la página 207 si te gusta.

Hechizo para cargar una tintura

Usa este proceso para potenciar las tinturas mientras las creas.

Materiales

1 vela verde (orujo de hierbas)

1 vela blanca (espíritu y magia)

1 vela para cargar la tintura (el color depende del hechizo: oro para dinero, rojo para amor, azul para curación, etc.)

1 bol para mezclar

Hierbas y alcohol para la tintura. (*Véase* las recetas en las páginas 228-233)

2 tarros de cristal

Gasa

Ritual

Coloca las tres velas formando un triángulo en tu espacio de trabajo. La vela blanca debe estar en la parte superior del triángulo (mirando hacia afuera para dirigir la energía hacia el universo); la vela verde y la de otro color forman la base. Pon el bol en el centro del altar y coloca los recipientes de hierbas y alcohol en el suelo.

Enciende la vela blanca mientras dices:

Por el poder del espíritu.

Enciende la vela verde mientras pronuncias:

Para los espíritus herbales.

Enciende la vela de color según tu necesidad y expresa lo que quieres. Coloca una hierba en el bol, da una bendición de agradecimiento y explique por qué estás usando esa hierba. Repite con cada hierba y, a medida que incorporas cada una, remueve la mezcla en el sentido de las agujas del reloj para aumentar o atraer algo a ti y en sentido contrario a las agujas del reloj si para eliminar o alejar algo de tu vida (destierros, reversiones, eliminaciones, etc.).

Una vez que hayas mezclado todas las hierbas en el bol, mantén las manos sobre la mezcla y expresa tu intención. Visualiza una luz saliendo de tus manos para esa necesidad (rojo para amor y pasión o poder; verde para dinero, éxito, crecimiento y fertilidad; azul para curación; amarillo para éxito; y así sucesivamente).

Vierte la mezcla en uno de los tarros de cristal e incorpora el alcohol (hazlo a una distancia segura de las velas encendidas). Coloca la tapa en el frasco. Retira el bol del altar y pon el frasco con la tintura en su lugar, en el centro de las velas. Mantén el frasco allí hasta que las velas se hayan consumido. Agita la tintura, enfocando tu energía mental, emocional y física al frasco. Mientras agitas el frasco, recita:

Invoco a los poderes verdes,
libera los poderes invisibles.
Las hierbas despertaron en este día,
las bendiciones en esta tintura se quedan.

Agita el frasco dos veces al día durante un mes, cada vez que visualices la necesidad que hay detrás de la tintura.

Pasado el mes, cuela la mezcla al segundo frasco con una gasa. Ahora la tintura está lista para ser utilizada en trabajos mágicos.

HIERBAS PARA TINTURAS MÁGICAS

Todas las hierbas utilizadas en las tinturas de salud en las páginas 228-233 también tienen atributos mágicos y espirituales; dichos atributos se enumeran a continuación. Las siguientes hierbas, especias y plantas son sólo para uso externo en mezclas de tintura.

ACEDERA Atracción de dinero, atracción de clientes, atracción de amor

AJENJO Invocar espíritus, trabajar con los muertos, mejorar poder psíquico, protección, amor, profetizar, romper maleficios y maldiciones

AJO Protección, exorcismo, lujuria, antirrobo

ALFALFA Atracción de dinero, prosperidad, protección

ALOE VERA Protección, paz en el más allá, prosperidad, éxito, amor

ANGÉLICA Trabajo, protección, eliminación de maleficios, exorcismo, salud, meditación, adivinación

AQUILEA Desarrollo psíquico, coraje, amor, exorcismo, protección

ARTEMISA Fuerza, poderes psíquicos, protección, sueños proféticos, proyección astral

BERGAMOTA Dinero, claridad

CEBOLLA Protección, exorcismo, dinero, sueños proféticos, lujuria

CEDRO Curación, purificación, dinero, protección

CITRONELA Repeler serpientes, lujuria, potenciar poderes psíquicos

CLAVO Mejora de poderes psíquicos, viajes astrales, protección, exorcismo, amor

CÚRCUMA Purificación

EQUINÁCEA Hechizos de fortalecimiento, ofrendas a los espíritus

ESCOBA DE BRUJA Protección, castidad (menos probabilidades de ceder a la tentación y el deseo sexual)

ESCUTELARIA Amor, fidelidad, paz

GORDOLOBO Valor, protección, amor, adivinación, exorcismo

HIPÉRICO Salud, protección, fuerza, amor, adivinación, felicidad

HISDRASTIS Curación, dinero

HISOPO Purificación, protección, limpieza

HOJA DE CONSUELDA Dinero, viaje seguro, protección

LAUREL Protección, purificación, potenciación de poderes psíquicos, fuerza

LIMÓN Purificación, amor, amistad, justicia

NARANJA Amor, adivinación, suerte, dinero

NUEZ MOSCADA Suerte en el juego, dinero, fidelidad, prosperidad, suerte

PIMIENTA DE JAMAICA Dinero, suerte, sanación

PIMIENTA NEGRO Protección, exorcismo

RÁBANO PICANTE Purificación, exorcismo

RAÍZ DE BARDANA Reversión (eliminación de maleficios o maldiciones)

RAÍZ VALERIANA Purificación, limpieza, paz, amor, protección, romper maleficios y maldiciones

RUDBECKIA Limpieza, liberación, conexión con la tierra, integración, mediumnidad, conectar con los muertos

SAUQUILLO Protección, suerte

SEMILLAS DE CILANTRO Amor, salud, curación, lujuria, fidelidad

TRÉBOL Protección, dinero, fidelidad, amor, exorcismo, éxito

UVA DE OSO (*Arctostaphylos uva-ursi*) Victoria, protección, dinero, poder, fuerza

MEZCLAS PARA TINTURAS MÁGICAS

Las siguientes mezclas son sólo para uso mágico y espiritual. Se pueden usar en hechizos, rituales y meditaciones. Pueden utilizarse como perfumes, vertidas en el baño o para ungir velas. Como comentamos anteriormente, son sólo para uso externo. Estas mezclas de tintura llevan la esencia espiritual de las hierbas, por lo que son fuerzas muy potentes para el trabajo mágico y espiritual.

Nota: Con todas estas recetas, las hierbas y especias se pueden secar y moler, o secar y picar finamente, a menos que se especifique lo contrario.

Éxito empresarial y suerte

Negocio afortunado

½ taza (16 g) de alfalfa
2 cucharadas de pimienta de Jamaica
1 taza (80 g) de raíz de hidrastis
8 tazas (1,9 l) de alcohol

Aumentar la suerte

2 cucharadas de pimienta de Jamaica
1 cucharada de hojas de bergamota, secas
2 cucharadas de nuez moscada
½ taza (26 g) de sauquillo, seco y molido
4 tazas (960 ml) de alcohol

Amor y lujuria

Dulcemente me ama

1 cucharada de clavo
½ taza (120 ml) de zumo de aloe vera
½ taza (112 g) de cáscara de limón, seca
    y picada
½ taza (112 g) de cáscara de naranja,
    seca y picada
½ taza (16 g) de acedera
8 tazas (1,9 l) de alcohol

Lujuria encantadora
(Asegura que la lujuria y el amor estén unidos)

½ taza (40 g) de semillas de cilantro
½ taza (32 g) de tallos de citronela,
    finamente picados
4 cucharadas de escutelaria
4 cucharadas de hipérico
6 tazas (1,4 l) de alcohol

Rotura de maleficios, protección y limpieza

Romper el mal de ojo

4 cucharadas de raíz de angélica, seca
    y molida
4 cucharadas de raíz de bardana, seca
    y molida
½ taza (40 g) de raíz de valeriana, seca
    y molida
½ taza (16 g) de ajenjo, hojas de flores,
    secas y molidas
6 tazas (1,4 l) de alcohol

Limpiar maleficios
(Limpia, elimina, revierte, protege)

5 hojas de laurel
½ taza (16 g) de rudbeckia
3-5 chips de cedro
8 tazas (1,9 l) de alcohol

Proteger y eliminar el mal

¼ de taza (25 g) de uva de oso
    (*Arctostaphylos uva-ursi*)
4 cucharadas de pimienta negra
½ taza (16 g) de trébol
4 cucharadas de rábano picante
½ taza (16 g) de gordolobo
8 tazas (1,9 l) de alcohol

Limpiar y purificar

½ taza (112 g) de cáscara de limón, seca
    y picada
½ taza (16 g) de hisopo
1 cucharada de cúrcuma molida
4 tazas (960 ml) de alcohol

Viajes astrales y mejora de habilidades psíquicas

Viajes astrales

½ taza (52 g) de clavo
½ taza (16 g) de artemisa
4 tazas (960 ml) de alcohol

Desarrollo psíquico

½ taza (16 g) de artemisa
½ taza (16 g) de ajenjo
4 cucharadas de aquilea
6 tazas (1,4 l) de alcohol

Ofrenda espiritual
(Quemado como una ofrenda)

½ taza (16 g) de rudbeckia
½ taza (16 g) de equinácea
½ taza (16 g) de ajenjo
6 tazas (1,4 l) de alcohol

TÓNICOS HOLÍSTICOS
DE AGUA Y VINAGRE

Ahora hablaremos de la curación del cuerpo, la mente y el alma utilizando remedios herbales holísticos, que es una tradición que se encuentra en todo el mundo en aquellas culturas en las que se cree que la salud del alma y el cuerpo están integralmente conectadas. Los remedios fueron, y aún lo son, diseñados y creados para abordar tanto los aspectos mágicos (o espirituales) como los aspectos físicos de las dolencias.

Agua de incienso

Una de las resinas espirituales más comúnmente quemadas es el incienso, una sustancia endurecida parecida a la goma, extraída de los árboles de Boswellia. Se cree que esta resina tiene muchas cualidades medicinales, incluyendo ser antimicótica, antiinflamatoria, digestiva, diurética, expectorante y antioxidante. Se ha demostrado que ayuda en los síntomas de la artritis y se encuentra en las primeras fases de las pruebas para la prevención del cáncer. En la antigüedad, el incienso era venerado como una resina sagrada para remedios curativos y se cree que los antiguos curanderos estaban al tanto de sus propiedades antiinflamatorias. Es conocido como uno de los regalos presentados por los Reyes Magos al Niño Jesús en el pesebre. Espiritualmente, sus atributos incluyen purificación, bendición, protección, exorcismo y espiritualidad. Este remedio proviene del Medio Oriente, donde el incienso se encuentra de forma natural. Durante milenios se ha utilizado para remedios en esta región, así como en India.

(Nota: Esta agua también se puede usar para protegerse de un hechizo de salud. Las propiedades medicinales se combinan con las propiedades espirituales de la resina para destruir cualquier influencia dañina).

Ingredientes

4-5 trozos medianos de resina de incienso (asegúrate de que la resina que compras sea segura para colocar en el agua que vas a beber), enjuagada, sin polvo ni suciedad

4 tazas (1 l) de agua destilada purificada (no uses agua del grifo)

Pon la resina en el fondo de un frasco de vidrio de 1 litro. Hierve el agua y viértela sobre la resina. Cubre con un plato o paño y colócalo en un lugar fresco, seco y oscuro. Deja reposar toda la noche.

Dosis: Beber varios vasos durante todo el día. Si eres nuevo en este remedio, bébelo lentamente para ver cómo responde tu cuerpo. Incluso puedes diluirlo mezclando ½ taza (120 ml) de agua de incienso con agua corriente mientras te acostumbras al sabor y a las propiedades.

Vinagre de los cuatro ladrones

El vinagre de los cuatro ladrones tiene diferentes beneficios para la salud, desde estimular el sistema inmunitario hasta acelerar la recuperación de un resfriado o una gripe. Cuando observes los ingredientes que contiene, podrás ver que es un remedio verdaderamente holístico: trata los problemas espirituales (limpieza y eliminación de toxinas espirituales) así como los problemas físicos (el ajo, las hierbas y las especias tienen múltiples propiedades curativas y desintoxicantes).

La herborista estadounidense Rosemary Gladstar menciona en su libro *Hierbas medicinales de Rosemary Gladstar* que este vinagre fue utilizado históricamente por los gitanos y las brujas para protegerse contra hechizos y mal de ojo, así como para proteger sus hogares contra los ladrones. Otras tradiciones, como el vudú y la magia ceremonial, han empleado este tónico para  eliminar y desterrar las fuerzas negativas y para la limpieza espiritual.

Ingredientes

5 dientes de ajo, picados o machacados

½ taza de romero, fresco y picado

4 cucharadas de lavanda, seca

2 cucharadas de hisopo

1 cucharada de pimienta de cayena

1 cucharada de pimienta negra

4 tazas (960 ml) de vinagre de manzana

Pon el ajo, las hierbas y las especias en un tarro de vidrio de un litro o más grande. Calienta ligeramente el vinagre de manzana y vierte sobre la mezcla del frasco. Agita bien y deja reposar de cuatro a seis semanas en un lugar fresco y oscuro. Cuando esté listo, cuela el vinagre a través de una gasa a una botella nueva.

Dosis: Por prevención, toma una cucharada al día según sea necesario durante la temporada de resfriados y gripe. Cuando estés enfermo, toma una cucharada dos o tres veces al día para acelerar la recuperación.

Sidra de fuego

Este tónico está relacionado con el vinagre cuatro ladrones, ya que comparten algunos ingredientes y tienen usos similares. La sidra de fuego puede haberse desarrollado como una alternativa a los cuatro ladrones, que se asociaba demasiado con parias, gitanos y ladrones. La sidra de fuego es un potente tónico. Tiene varios ingredientes, incluido el rábano picante, que combaten las fiebres que a menudo aparecen con la gripe, lo que la convierte en un poderoso tónico. Medicinalmente es antiséptica, antibacteriana, antibiótica, diurética, expectorante y útil para tratar la gripe, los resfriados, la tosferina y las infecciones del tracto urinario. También es un estimulante del apetito. Esta sidra te ayudará a estar feliz y sano. Aumentará tu sistema inmunológico y eliminará todas y cada una de las toxinas de tu sistema. Espiritualmente, puedes usar sidra de fuego para limpiar tu cuerpo de negatividad y protegerlo de nuevas influencias negativas. También funciona para eliminar y revertir cualquier cosa que se te haya enviado. Esto te permitirá invitar a la suerte, el amor y el dinero a la vez. Es realmente un tónico para todo que limpia y elimina los bloqueos para que el amor, la suerte, el dinero y el éxito puedan florecer.

Ingredientes

$1/2$ taza (7 g) de rábano picante

1 diente de ajo

1 cebolla

1 limón, pelado y cortado a cuartos

1 naranja, pelada y cortada a cuartos

$1/4$ de cucharada de pimienta de cayena

$1/4$ de cucharadita de cúrcuma molida

1 cucharada de pimienta negra

1 cucharadita de jengibre fresco

3 cucharaditas (o aproximadamente 5 ramitas frescas) de romero seco

1 chile habanero, finamente picado

1-2 litros de vinagre de manzana

Miel o azúcar para endulzar, al gusto

Pica el rábano picante, el ajo, la cebolla, el limón y la naranja, y métalos en un frasco de vidrio grande, de un litro o más. Mezcla la pimienta de cayena, la cúrcuma, la pimienta negra, el jengibre, el romero y el chile habanero. Cubre con el vinagre de manzana. Coge un trozo de gasa y colócalo sobre la boca del frasco, cierra firmemente la tapa y agita. Conserva en la nevera durante cuatro semanas, agitando una vez al día. Cuando esté listo, cuela con una gasa a otro tarro e incorpora miel o azúcar moreno al gusto.

Dosis: Por prevención, toma una cucharada al día según sea necesario para estimular el sistema inmunológico. Cuando estés enfermo, toma dos cucharadas, tres veces al día, según sea necesario.

Agua del Carmen

Se cree que la orden de monjas carmelitas creó esta agua en algún momento del siglo XVII, cuando se utilizaba principalmente como una especie de colonia. Más conocido que el vinagre cuatro ladrones en algunas regiones, es un agua ampliamente utilizada, excelente para ayudar con la digestión, la ansiedad y los mareos. La conexión entre la mente, el cuerpo y el alma es asombrosa. A menudo, la ansiedad y los problemas de salud están unidos. Cuando estamos ansiosos, podemos sufrir indigestión, insomnio y, en ocasiones, depresión. Este tónico aborda varias de esas dolencias a la vez. Espiritualmente, este tónico se usa para abrir caminos (eliminación de bloqueos), para limpiar (desterrar y eliminar energía) y para bendecir. En la magia y el trabajo espiritual, puedes usar el tónico para eliminar y protegerte contra la negatividad (inversión de energía y protección contra su retorno). Esto abre el camino hacia el éxito, permitiendo que florezcan el amor y la suerte.

Ingredientes

1 taza (32 g) de melisa

½ taza (16 g) de hojas y tallos de angélica, picados

1 cucharada de clavo

1 limón, rallado

½ cucharada de nuez moscada

1 cucharadita de semillas de cilantro, picadas

4 tazas (1 litro) de vodka, ginebra o brandy

Pon los ingredientes secos en un tarro de vidrio de un litro e incorpora el alcohol. Agita bien. Coloca en un lugar fresco y seco y deja reposar durante dos semanas. Cuela a través de una gasa a un frasco nuevo. Se mantendrá hasta seis meses.

Dosis: Una cucharada diaria según sea necesario para ayudar en la digestión o para calmar la ansiedad, así como en caso de mareos.

RECETAS DE JARABES A BASE DE MIEL

Cada vez que tenemos un resfriado o gripe, una de las cosas más comunes que hacemos es correr a la tienda y recoger una botella de jarabe para la tos. El uso de jarabes para combatir la tos, los resfriados y la gripe no es algo nuevo. Nuestros antepasados usaron gran variedad de jarabes diferentes para tratar estas dolencias comunes. Hoy, muchos de estos jarabes se están volviendo populares nuevamente como remedios caseros. El ingrediente principal es la miel, que tiene propiedades antisépticas naturales que mata las bacterias. Además está rica, lo que facilita tomar el medicamento.

Miel de ajo para el dolor de garganta y la tos

Tanto el ajo como la miel tienen propiedades antisépticas naturales que ayudan a eliminar las enfermedades que causan las bacterias. Este remedio no se echa a perder, por lo que un lote durará hasta un año.

Ingredientes

1 cabeza de ajos, con los dientes separados y pelados

50-120 ml de miel

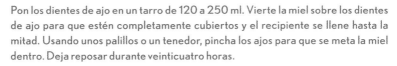

Pon los dientes de ajo en un tarro de 120 a 250 ml. Vierte la miel sobre los dientes de ajo para que estén completamente cubiertos y el recipiente se llene hasta la mitad. Usando unos palillos o un tenedor, pincha los ajos para que se meta la miel dentro. Deja reposar durante veinticuatro horas.

Dosis: Tomar por cucharadas según sea necesario, o simplemente tomar la miel de ajo con la comida.

Miel de cebolla y ajo para la tos, resfriados y gripe

Esta miel es similar a la miel de ajo, excepto que la cebolla se añade a la mezcla. El ajo y la cebolla tienen propiedades antisépticas similares, y por lo tanto también se utilizan en aplicaciones similares para el alivio del resfriado y la gripe.

Ingredientes

4 dientes de ajo picados	1 cucharadita de clavo
1 cebolla pequeña picada	1 cucharadita de canela
1 taza de saúco	
Miel para cubrir el ajo, la cebolla y las bayas y llenar el tarro a la mitad	

Pon el ajo, la cebolla y las bayas de saúco en el fondo de un frasco de vidrio de un litro. Cúbrelos con miel y luego mezcla los clavos y la canela. Remueve bien y deja reposar durante cuarenta y ocho horas antes de usar.

Dosis: Una cucharada según sea necesario.

Jarabe de saúco

El jarabe de saúco es un remedio popular muy común. Si sientes que se avecina un mal tiempo, tómalo a diario para ayudar a prevenir la tos, el resfriado o la gripe. Si tomas el jarabe de saúco estando ya enfermo, puedes reducir la convalecencia.

Ingredientes

2 tazas de saúco

1 cucharadita de canela

1 cucharadita de clavo

1 cucharadita de jengibre

5 tazas (1,2 l) de agua

Miel (*véase* instrucciones para cantidad)

Pon los ingredientes, salvo la miel, en una olla mediana y deja que arranque a hervir. Después baja el fuego (medio-bajo) y mantenlo así durante treinta minutos para que se cuezan. Cuela la mezcla por una gasa a un tarro de vidrio de un litro. Machaca las bayas y las hierbas juntas para exprimir todo el zumo. Mide la cantidad de líquido e incorpora la misma cantidad de miel. Agita y mezcla bien. Está listo para usar una vez se enfríe a temperatura ambiente. Almacena en un lugar fresco y seco hasta doce semanas.

Dosis: Para la prevención, toma una cucharada diaria para estimular el sistema inmunológico. Cuando estés enfermo, toma dos cucharadas cada dos o tres horas, según sea necesario.

*Que la sabiduría del mundo verde
te proporcione salud, riqueza y prosperidad.
Amén.*

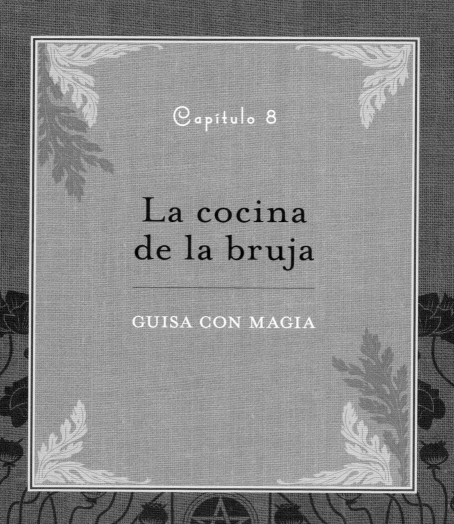

Capítulo 8

La cocina
de la bruja

GUISA CON MAGIA

La mayoría de las brujas actuales prefieren llevar a cabo sus prácticas dentro de la cocina propia de brujas caseras que trabajan con remedios herbales, pociones y cristales. El momento de pensar qué vamos a comer es el instante ideal para poner en práctica la labor de una bruja. Las brujas tradicionales estudian y practican las artes antiguas. Las brujas verdes practican la ley de la tradición ligada a la tierra. A las brujas de cerco les gusta estar siempre fuera de casa, formando una unidad con la naturaleza y recorriendo setos en busca de bayas y hierbas. También usan muchos elementos naturales como cristales y piedras, y hacen su magia en función de las fases lunares y su entorno natural. La brujería de cocina es algo muy similar, lo que pasa es que a la bruja de cocina le gusta más estar en la cocina que saltando por los bosques y prefiere incluso cultivar sus propias hierbas en su patio o en macetas. No hacen brebajes insufribles, sino que hacen platos de comida mágicos y ricos y pociones de hierbas naturales usando las plantas de sus macetas. Muchas brujas de cocina tienen como misión aprender sobre las propiedades de las hierbas y las plantas. No es inusual ver plantas que usarán en tisanas medicinales y hierbas colgadas en sus ventanas para que se sequen. Se centran mucho en curar dolencias, pero también bendicen y hacen bolsitas mágicas que se pueden transportar para curar otros problemas cotidianos.

Las brujas del siglo XXI también tienen un profundo entendimiento y respeto por todo lo que pasa en el medio natural y están agradecidas por todos los regalos de la tierra. Creen en las energías del universo y ponen énfasis en mantenerlo todo lo más tranquilo y equilibrado posible. Para que vivamos y amemos de manera armoniosa, es imperativo que todos luchemos por el mismo equilibrio.

En este capítulo, exploraremos diferentes tipos de brujería, especialmente por su modo de actuar en los sabbats wiccanos. Hay muchas recetas deliciosas en este capítulo ¡y todas son recetas de brujas reales!

¡SOMOS LO QUE COMEMOS!

Dentro de la comunidad wiccana existe la creencia de que así como todo lo que vive en el planeta tiene energía, también la tienen los alimentos que comemos. Si consumimos un animal que fue infeliz en su vida, estaremos absorbiendo esa energía estresante e infeliz y dejaremos que circule por nuestros cuerpos. Si el chef que prepara la comida está muy deprimido o pasa sus horas de trabajo gritando blasfemias al resto del personal de cocina, tu plato estará contaminado por vibraciones bajas y groseras. Por otro lado, un trozo de tarta casera de zanahoria hecha por alguien que te quiere te sentará divinamente y te hará muy feliz. Esto puede sonar excéntrico, pero incluso los físicos están de acuerdo en que la energía es constante: la ley de conservación de la energía establece que la energía no se puede crear ni destruir, sólo puede transformarse de una forma a otra.

Buena o mala, esta energía es invisible, pero el hecho de que no podamos verla no significa que no exista y que no nos afecte directamente. Las brujas creen que es muy importante saber, tanto como sea posible, lo que estamos poniendo en el plato antes de comérnoslo. En general, la mayoría de nosotros tenemos bastante con ir al supermercado y llenar el carrito cada semana para alimentar a la familia y a nosotros mismos. Tenemos la suerte de tener al alcance una enorme selección de alimentos venidos de todos los rincones del mundo. Actualmente podemos comprar un sinfín de verduras que no son necesariamente de temporada, disponemos de hierbas y especias de países lejanos y podemos elegir qué carne nos apetece comer cada día. Es maravillosamente cómodo, sin embargo, algo importante que se debe tener en cuenta mientras llenamos el carrito es lo siguiente: ¿de dónde viene esa comida? Cuando compramos lechuga lavada y envasada, todo lo que vemos es un trozo de plástico limpio lleno de productos frescos. Pero cuando compramos carne tenemos muy poca idea de cómo vivía el animal, cómo o dónde fue sacrificado o si sufrió algún estrés al final de su vida.

Aunque las brujas de ninguna manera somos santas y también compramos productos envasados, a la mayoría nos gusta comprar carnes locales y optamos por alimentos orgánicos cuando es posible. Desgraciadamente, los productos orgánicos son más caros y nunca podemos estar seguras de si nos están dando gato por liebre. Si tienes un jardín o tienes acceso a un huerto comunitario, cultivar tus propios productos mejorará tu oficio. Si no tienes un lugar para cultivar verduras, apoya a los agricultores locales comprándoles directamente. Es cierto que no todo el mundo tiene el tiempo, el dinero o la oportunidad de vivir de esta manera, pero si puedes, verás que te sientes más sano y más equilibrado comiendo lo que tú mismo produces. Tampoco necesitas un gran espacio para cultivar cuatro pimientos y tres tomates, ni tienes que dejarte la piel para que crezcan. Muchos alimentos que se consumen a diario se pueden cultivar con éxito en macetas en el patio o se pueden meter en un espacio pequeño. Las hojas verdes y las hierbas crecen bien en macetas, e incluso las patatas y las zanahorias se pueden cultivar en sacos. Una dieta adecuada y una buena nutrición son las claves para vivir más tiempo. Necesitamos alimentos para sobrevivir y prosperar, así que es vital que nos tomemos tiempo para averiguarlo todo sobre los alimentos que comemos.

Hechizo de motivación para hacer dieta

En este mundo tan estresante, con bares y cafeterías en cada esquina, es casi imposible no verse tentado a comer alimentos deliciosos pero poco saludables. Muchos de nosotros luchamos con nuestro peso y tenemos dificultades para resistir unas tapas con cerveza o unos bollos con café. Desde una perspectiva espiritual, el autocontrol suele estar relacionado con la purificación espiritual; a muchas brujas les gusta hacer hechizos al respecto, no necesariamente para tener un cuerpo de supermodelo, sino para tener más motivación a la hora de perder peso y mantener una relación sana con la comida.

Éste es un hechizo que puede ayudarte a que te motives para perder peso. Requiere un cristal llamado «apatita»; si no lo encuentras en las tiendas de minerales o en las tiendas esotéricas, lo puedes adquirir fácilmente por Internet. Tal como describe su nombre, se cree que esta gema controla el apetito y ayuda a aliviar los antojos.

Materiales

1 apatita

Foto de ti mismo con tu peso ideal

1 cinta roja (como las de envolver regalos)

Ritual

La fase de la luna es muy importante para este hechizo, así que empieza tu ritual la primera noche de luna creciente, una fase que es maravillosa para disipar los malos hábitos y deshacerte de las cosas o circunstancias que nos hacen perder el control. Coge la foto, pon el cristal encima. Luego, empaqueta el cristal con la foto y ata el paquete con una cinta roja. (El rojo representa la pasión y el deseo, así como el elemento fuego, por lo que este color te ayudará a impulsar la motivación para hacer dieta). Coloca el paquete fuera de casa, colgado o en el alféizar de una ventana o en el patio, bajo la luna creciente durante toda la noche para que absorba los rayos mágicos de la luna.

Recupéralo a la mañana siguiente y luego llévalo encima todos los días. Cada vez que tengas un antojo, saca la piedra del paquete, túmbate y póntela en el chakra del plexo solar.

*H*echizo para sentirse saciado

Este hechizo te hará sentirte saciado durante más tiempo y automáticamente te hará poner menos comida en el plato.

Materiales

1 raíz de ginseng

1 pizca de diente de león

1 taza (240 ml) de agua mineral

1 olla pequeña

1 rama de canela

1 cinta roja (estilo cinta de regalo)

1 vela amarilla

Ritual

Pon la raíz de ginseng, el diente de león, la rama de canela y el agua mineral en una olla pequeña. Todos estos ingredientes son excelentes para ayudar a perder peso por arte de magia, nunca mejor dicho. (Otros alimentos que pueden ayudarte a perder peso son el jengibre, la pimienta de cayena, la mostaza, la cúrcuma y la pimienta negra). Cuece a fuego lento durante dos o tres minutos; luego retírala del fuego.

Cuela las hierbas y deja que la poción se enfríe. Pon la cinta roja y la olla ya fría al lado de la vela amarilla. Enciende la vela y recita con toda tu intención el siguiente conjuro doce veces:

Menos comida en mi plato ayudará a mi peso.
Esta poción desterrará los antojos que odio.
Tengo el control y me siento feliz,
seguro de mí mismo, delgado y elegante.

Cuando hayas recitado el hechizo, cierra el ritual diciendo «Que así sea».

Mete toda la poción en una botella de plástico con tapa de rosca y déjala en la nevera. Todas las mañanas, mientras estés a dieta, toma un sorbito de la poción y repite el conjuro anterior una sola vez. Si sientes que estás deseando picar algo que no deberías comer, toma otro sorbo de poción y repite el conjuro. Si quieres un poco de magia extra, corta la cinta roja en pequeñas secciones. Coloca un trocito de la cinta en la nevera, el coche o en cualquier lugar donde puedas sentir la tentación de comer cuando no deberías.

Es una buena idea tener otro trocito en el bolso para evitar comprar alimentos impulsivamente. Esta cinta aumentará tu motivación y evitará que cedas ante los antojos.

Nota: Si la poción te sabe un poco amarga, puedes añadir una cucharadita de miel o de azúcar moreno a la poción mientras se está cociendo.

DIETA BRUJERIL BASADA EN LA LUNA

A algunas brujas les gusta tener el control completo de sus dietas y comer según las fases de la luna. Dado que muchas de nosotras ahora nos centramos en comer sano, esta práctica se está volviendo más popular cada año. Se sabe que la luna gobierna las mareas y que también afecta a la química interna de nuestro cuerpo y a nuestros cambios de humor.

Las primeras veinticuatro horas de una fase lunar es cuando se deben implementar los planes de alimentación. Consulta con tu médico antes de comenzar cualquier dieta si tienes algún problema de salud.

La luna llena y la luna nueva

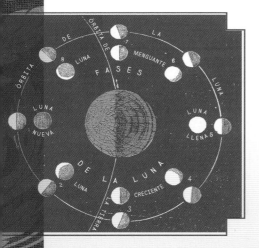

Las primeras veinticuatro horas de una luna llena o nueva es el momento propicio para nuevos comienzos, para limpiezas y también para el ayuno. (*Nota: Aunque científicamente una fase lunar sólo dura un instante porque la luna está orbitando continuamente la tierra, al ojo humano las fases nuevas y completas parecen durar aproximadamente tres días; consideraremos que una fase es de tres días para nuestros propósitos*). Un breve período de ayuno parece ser muy bueno no solamente para el cuerpo, sino también para aportar claridad a la mente y al alma. Nos ayuda a enfocarnos en lo que es importante y centrarnos en una comprensión más profunda de la espiritualidad. No se permiten alimentos sólidos durante ese tiempo, solamente agua pura e infusiones, que ayudan con el proceso de desintoxicación. El té verde, la menta y la manzanilla son perfectas para limpiar el cuerpo y eliminar toxinas. Algunas brujas prefieren preparar infusión de diente de león, limón o salvia, pero cualquier infusión será suficiente.

Los próximos dos días de la fase de luna llena o nueva, se puede volver a los alimentos sólidos, pero mantén una dieta rica en verdura y limita la carne. Si tienes que comer carne por obligación, busca proteínas magras como pescado y pollo. De lo contrario, echa mano de otras fuentes de proteínas no cárnicas, como nueces, legumbres, soja y quinoa. Hay que tomar una taza de infusión todas las noches antes de acostarse y no se debe picar nada pasadas las 18:00 h. Este simple proceso de desintoxicación ayudará a eliminar el exceso de agua en el cuerpo.

La luna creciente y la luna menguante

Comer en consonancia con las fases de la luna también puede ser beneficioso. Si haces rituales de comida durante las primeras veinticuatro horas de la fase menguante (antes de una luna nueva), puedes desterrar a las fuerzas malas de tu vida. Hacer rituales de comida antes de una fase creciente (antes de una luna llena) puede ayudarte a crecer y superar obstáculos. Las opciones siguientes enumeran las diferentes posibilidades que tienes para comer durante las primeras veinticuatro horas de cualquiera de estas fases lunares. Come toda la cantidad que quieras durante un período de veinticuatro horas ¡nada de pasar hambre! Si sigues un banquete con un ayuno, ambos hechizos se vuelven más poderosos.

- Come sólo fruta de temporada, como manzanas, naranjas, melocotones, ciruelas o bayas que crezcan o se cultiven en la zona donde vives. Puedes comerlas enteras, en zumo o en batidos.
- Come verdura hervida de cualquier tipo o ensaladas de verdura cruda, como lechuga, pepino, tomate, cebolla, remolacha o col. Asegúrate de limitar cada comida a verduras cocidas o crudas. Por ejemplo, no comas pepino crudo con patatas fritas.
- Come tubérculos (al vapor, hervidos, horneados o a la parrilla), como calabazas, calabacines, patatas, zanahorias, nabos y chirivías.
- Come únicamente sopas preparadas con verduras frescas de temporada; usa las verduras para hacer caldos y fondos de sopa.

COCINA CON MAGIA

Cocinar y preparar la comida desde cero, utilizando productos locales y de temporada, es la mejor manera de garantizar un estilo de vida saludable. Cocinar es una parte agradable de la vida que algunos, aunque no todos, disfrutan. Preparar y cocinar alimentos con la intención correcta infundirá magia a los platos, y no sólo bendecirá la comida, sino también a las personas que la consuman.

A las brujas de cocina les gusta hacer rituales simples mientras la comida está chisporroteando en el fuego, así que no es inusual que al aventurarnos en la cocina de una bruja, veamos velas encendidas entre un montón de especias. Aquí hay un ejemplo de un almuerzo mágico simple, reconfortante y casero de pan y sopa.

Hogaza de pan mágico

No hay nada más reconfortante que el olor a pan recién hecho en casa, y este pan mágico hará feliz a toda la familia.

Para 1 pan

Ingredientes

1 ramita de romero fresco, sin tallo

1 ramita de orégano fresco

1 ramita de tomillo fresco

4 tazas (550 g) de harina para pan

1 cucharadita de sal

1 paquete de levadura en polvo

2 cucharadas de azúcar de extrafino

3 cucharadas de aceite de oliva

1 y 1/3 de taza (360 ml) de agua, o lo bastante para unir la masa

7 velas blancas

Pica las hierbas y mézclalas en un bol. (Es mejor si son de cosecha propia). Coloca cada ingrediente en boles separados. Enciende una vela blanca a tu lado y recita el siguiente conjuro una vez:

Bendice esta comida y estos regalos mágicos,
nuestro estado de ánimo resplandecerá
con cada rebanada de este pan.

Mezcla todos los ingredientes secos en un bol, luego haz un volcán con ellos y abre un cráter en el centro. Vierte el aceite y el agua. Mezcla los ingredientes y luego pon la masa sobre la encimera enharinada y amasa durante 15 minutos, estirando y amasando. Mientras amasas el pan, repite el conjuro de arriba, una y otra vez. Con el uso de tus manos estarás metiendo buena energía en la masa.

Engrasa un cuenco grande y mete la masa dentro. Cubre con un plástico de cocina o un paño de algodón limpio. Deja que la masa suba en un lugar cálido durante 1 hora y luego vuelve a amasar durante 15 quince minutos. Mientras estás amasando, di el conjuro una y otra vez. Pon la masa en un molde engrasado y déjalo subir otra hora. Mientras tanto, precalienta el horno a 175 °C para que alcance la temperatura deseada. Mete la masa en el horno de 20 a 30 minutos. Ya tienes tu pan mágico.

Sopa de tomate para el alma

Esta abundante sopa es un plato para calentar el alma. Cuando se combina con la hogaza de pan mágico de la receta anterior, se convierte en una poderosa comida para restablecer tu poderío brujeril. Limpia toda negatividad y protege de aquello que te pueda causar daño.

Para 6 personas

Ingredientes

20 tomates grandes y maduros, cortados por la mitad

2 cebollas grandes, picadas

$\frac{1}{2}$ cabeza de ajos, enteros

2 hojas de laurel

1 cucharada de azúcar

2 cucharadas de aceite de oliva

2 tazas (475 ml) de caldo de pollo o verduras

6 tomates secos

1 puñado de albahaca fresca

1 cucharadita de pimentón

Sal y pimienta para probar

1 vela blanca

Precalienta el horno a 175 °C.

Coloca los tomates, la cebolla, el ajo y las hojas de laurel en la bandeja del horno. Espolvorea el azúcar por encima y luego rocía con aceite de oliva. Asa en el horno durante 20-30 minutos o hasta que los tomates empiecen a dorarse.

Retira la bandeja del horno y pon los tomates en una cacerola. Añade el caldo y deja que arranque a hervir. Cuece a fuego lento unos 30 minutos.

A continuación, incorpora los tomates secos a la cacerola, después las hojas de albahaca y finalmente el pimentón. Sigue cociendo a fuego lento otros 30 minutos. Retira del fuego y deja enfriar más o menos 30 minutos.

Una vez fría la sopa, viértela en una batidora y haz una crema suave.

Vierta la sopa en otra cacerola limpia y vuelve a calentar, removiendo con una cuchara de palo. Salpimienta al gusto.

Mientras se calienta la sopa, enciende la vela blanca. Cuando esté caliente a la temperatura deseada, sírvela en tazones acompañados de pan mágico. Antes de comer, recita este conjuro tres veces:

Doy gracias a la tierra, honro esta comida,
dentro de mi ser, el poder que siento
lo comparto con ellos y las bendiciones otorgadas,
con sopa para el alma y pan mágico.

Deja que la vela se queme mientras lo comes y cuando hayas terminado di las palabras «Que así sea».

REVERDECE TU VIDA

Hay miles de hierbas y plantas diferentes que te ayudarán con dolencias generales, cotidianas. A continuación he enumerado algunos tipos comunes que podrías tener dando una vuelta por la cocina. Dependiendo del tipo de hierba o planta, puede incluirse en las comidas a diario o incorporarse a hechizos. Si no tiene esas opciones, puedes preferir ir a la herboristería y comprarlas según las necesites.

AGUACATE Aumenta la libido sexual, mantiene el corazón sano.

AJO Aumenta el sistema cardiovascular.

ALBAHACA Alivia dolores de cabeza, tensión, indigestión, espasmos musculares, insomnio, dolor de oído; reduce el estrés en el cuerpo; mejora la piel.

ARÁNDANOS Bueno para el cerebro y el corazón (evítalo si tienes diabetes o si estás tomando medicamentos anticoagulantes, como la warfarina).

AVENA Ayuda a bajar el colesterol; mejorar mágicamente la potencia y la fertilidad.

BACOPA Bueno para la circulación sanguínea (puede causar somnolencia, evita tomarlo con sedantes o con medicamentos para el hígado).

BARDANA Alivia la caspa y el acné (evítala si estás tomando medicamentos anticoagulantes).

CANELA (molida) Alivia el dolor de garganta y la tos, antiinflamatorio (evítala si tomas medicamentos para la diabetes).

CARDAMOMO Alivia la indigestión, potente en hechizos para la lujuria, ayuda a mejorar problemas sexuales.

CARDO MARIANO Alivia la acidez estomacal (habla con tu médico si estás tomando algún medicamento para el hígado).

CATNIP Alivia la dentición, el cólico, la diarrea, la indigestión, la ansiedad, la depresión, el insomnio (puede causar somnolencia, evítala si tomas sedantes).

CENTÁUREA Colocada en el altar para hechizos de salud general.

CHOCOLATE (negro) Ayuda a bajar la presión arterial, aumenta la función mental.

CORTEZA DE SAUCE Es la aspirina natural, alivia dolores y molestias generales (no tomar con aspirina de verdad ni ibuprofeno ni medicamentos anticoagulantes).

CÚRCUMA Antiinflamatorio, reduce el colesterol.

DIENTE DE LEÓN Desintoxicante, alivio del estreñimiento, laxante (evítalo si está tomando antibióticos, litio o diuréticos; comenta su uso con el médico si estás tomando medicamentos para el hígado).

ENEBRO Mejora la salud general (evita tomarlo con medicamentos para la diabetes).

ENELDO Alivia las molestias menstruales, el insomnio, el hipo; ayuda a la digestión.

EQUINÁCEA Aumenta el sistema inmunológico, evita los resfriados (habla con tu médico si estás tomando algún medicamento para el hígado).

ESCARAMUJO Alivia la rigidez de la osteoartritis (no la tomes con antiácidos, estrógenos, litio, flufenazina o medicamentos anticoagulantes).

FENOGRECO Reduce los niveles de azúcar en sangre en diabéticos.

GINSENG Afrodisíaco, estimulante suave, estimula el sistema inmunológico (no tomar con medicamentos para la diabetes o que disminuyen la coagulación sanguínea o con inhibidores de la MAO).

HIEDRA Colocada en altares durante rituales de curación para intensificar la potencia de los hechizos.

HIGOS aumentan la fertilidad.

JAZMÍN Mantiene lejos los terrores nocturnos, hace soñar tranquilo.

JENGIBRE Alivia las náuseas matutinas, las náuseas, los cólicos, la indigestión, la diarrea, la fiebre y el dolor de garganta (evita tomar medicamentos anticoagulante).

LAUREL Mejora la fuerza y el vigor.

MANZANILLA Alivia el insomnio, ansiedad, estrés, fiebre, artritis, dolor, indigestión (puede disminuir la eficacia de las píldoras anticonceptivas y de algunos medicamentos para el cáncer; puede aumentar los efectos de la warfarina; consulta su uso con tu médico si estás tomando medicamentos para el hígado).

MATRICARIA Alivia los dolores de cabeza y las molestias menstruales (evítala si tomas medicamentos para la diabetes o que disminuyan la coagulación de la sangre).

MELISA Alivia la ansiedad, el herpes labial, los cólicos, el insomnio, la inquietud, la indigestión; refuerza la memoria (puede causar somnolencia, evítala si tomas medicamentos sedantes).

MEMBRILLO Ayuda en caso de inflamación gastrointestinal, sanea la piel (no tomes con ningún medicamento ya que su eficacia puede disminuir; evítalo si estás embarazada o amamantando, ya que las semillas contienen pequeñas cantidades de cianuro).

OLIVAS Ayuda a la salud ósea.

ORTIGA Alivia la rinitis alérgica y la artritis, diurética (evítala si tomas medicamentos para la diabetes, la presión arterial alta o anticoagulantes y si tomas sedantes o litio).

PASIFLORA Alivia la ansiedad, puede ayudar a los ojos cansados (puede causar somnolencia, evita tomarla con sedantes).

PEREJIL Rico en hierro (no tomar con medicamentos anticoagulantes o con diuréticos).

PIMIENTA (negra o blanca, molida) Ayuda a la digestión, estimula las papilas gustativas.

PLÁTANO Mantiene el corazón sano, es bueno para la circulación sanguínea, aumenta el deseo sexual masculino, aumenta la fertilidad femenina.

RÁBANO Desintoxicante.

RÁBANO PICANTE Expectorante, alivia la nariz tapada; utilizado en exorcismos.

REGALIZ Alivia la acidez estomacal y el picor en la piel (no lo tomes con medicamentos anticoagulantes; interactúa con numerosos medicamentos, consulta su uso con el médico).

REMOLACHA Antioxidante, gran fuente de hierro.

ROMERO Mejora la concentración, la memoria, la presión arterial, la circulación; antiséptico, antidepresivo; alivia la indigestión.

SALVIA Mejora la función mental y la memoria, ayuda a la menopausia.

SAÚCO Evita los resfriados y la gripe (evítala si tomas medicamentos que depriman el sistema inmunitario).

SEMILLAS DE APIO Diurético, alivia las molestias menstruales.

TOMATE Prosperidad, protección, amor.

TOMILLO Antibacteriano, antiséptico, expectorante; alivia la tos y los resfriados (no lo tomes con medicamentos anticoagulantes).

VALERIANA Alivia el insomnio (no lo tomes con alcohol, sedantes o medicamentos contra la ansiedad).

Propiedades de los alimentos según sus colores

Nuestro planeta está lleno de hermosas y sorprendentes hierbas, verduras, frutas y especias. Tenemos manzanilla calmante, chiles picantes y el cálido jengibre. Incluir una amplia variedad de estos ingredientes en nuestras dietas sólo puede beneficiarnos. La ciencia médica nos dice que los alimentos coloridos tienen enormes beneficios para la salud y están llenos de vitaminas, minerales, fibra y fitoquímicos, que se cree que actúan como antioxidantes.

Éstos se denominan «superalimentos» y debes incorporar algunos de ellos en tu dieta semanal. Come verduras verdes como espinacas, col rizada y brócoli; azules y púrpuras como berenjenas, moras y arándanos; rojos como chiles, remolachas y tomates; y naranjas como los boniatos, las zanahorias y la calabaza. Y nunca descartes una buena copa de vino tinto, aunque sea ocasionalmente.

SABBATS Y DÍAS FESTIVOS
LAS BRUJAS COMPARTEN SUS DULCES FESTIVOS FAVORITOS

Tourtière (pastel de carne) de Charity Bedell

Esta receta familiar es un pastel de carne de cerdo perfecto para Yule o Navidad. El cerdo a menudo se sacrificaba y se comía durante Yule al dios nórdico Freyr. Mi familia generalmente lo sirve el día de Navidad para el desayuno.

Para 6 a 8 personas

Ingredientes

½ cucharada de mantequilla o aceite de oliva

450 g de carne de cerdo picada

2 cebollas medianas o grandes, a cubitos

Sal, pimienta y canela al gusto

2 patatas de cualquier tipo, hervidas y chafadas

Hojas de hojaldre o pasta brise (se pueden comprar en la tienda)

Mostaza al gusto (optativa)

Engrasa una sartén grande y profunda con mantequilla o aceite de oliva. Saltea la carne, las cebollas y las especias y sofríe a fuego lento, tapado, durante dos horas a fuego de medio a bajo, removiendo con frecuencia.

Mientras tanto, precalienta el horno a 190 °C.

Añade las patatas cocidas a la mezcla de carne y mézclalo sin presionar.

Coloca la base de hojaldre en una fuente de vidrio para horno, sin engrasar. Rellena con la mezcla de carne y patata. Cubre con la hoja superior, usando un tenedor para sellar las dos hojas juntas. Mete el pastel en el horno durante 25 minutos o hasta que esté dorado. Sirve tibio, con mostaza por encima si te apetece.

Postre para una cena de fiesta de Shawn Robbins

Este batido es delicioso, divertido de hacer y bueno para tu salud. Tiene una pizca de alcohol que lo convierte en un postre festivo para Lughnasadh (*véase* página 275), cuando es temporada de bayas frescas. (Pero también puedes hacerlo en otros días festivos y puedes usar fruta fresca o congelada).

Para 2 a 3 personas

Ingredientes

½ taza (100 g) de fresas

½ taza (50 g) de arándanos

½ taza (65 g) de frambuesas

1 plátano

1 taza (250 g) de yogur con sabor (cualquier sabor que te guste)

1 cucharada de vainilla

½ taza (120 ml) de zumo de piña

8 cubitos de hielo

Ingrediente mágico: un trago de tu licor de frutas favorito para mayor dulzura (recomiendo vodka de cereza).

Coloca todos los ingredientes en una batidora y mezcla a velocidad alta hasta que la mezcla quede muy suave. ¡Bebe y disfruta!

Pan de calabaza de Halloween de Melodie Starr Ball

¡Halloween es una de las noches más mágicas del año! Es la noche en que el poder de una bruja es más fuerte y cuando el velo entre este mundo y el otro lado es más delgado. La razón original de Halloween fue, entre otras cosas, celebrar el círculo de la vida honrando a los fallecidos. En Halloween, invitamos a nuestros antepasados muertos a celebrar sus vidas con nosotros y a hacer un festín con velas, juegos y dulces (fiestas de Halloween). Algunos alimentos tradicionales para una fiesta de Halloween incluyen manzanas, peras, pastel de calabaza, maíz, sidra y carne. Existe la tradición de quemar incienso de avellano o pino y salvia blanca para evitar que los espíritus negativos entren en las casas.

Mucha gente hace espiritismo porque es mucho más fácil establecer contacto con el otro lado en este momento. Con los poderes de una bruja aumentados esa noche, es un buen momento para realizar rituales de adivinación. Tanto si es tarot, adivinación con agua u otro sistema, ¡cualquier hechizo o ritual realizado en la noche de Halloween será un éxito!

Hay quienes encienden fogatas en la noche de Halloween. Algunos dicen que esto sirve para mantener alejados a los fantasmas y los duendes; sin embargo, la observación del fuego, o adivinar el futuro mirando llamas abiertas, es una forma de adivinación muy efectiva. La siguiente es una receta que mi abuela siempre hacía para nuestras fiestas de Halloween:

Para 2 panes

Ingredientes

3 y ½ tazas (448 g) de harina normal

2 cucharaditas de levadura en polvo

1 cucharadita de pimienta de Jamaica molida

1 cucharadita de canela molida

1 cucharadita de nuez moscada molida (¡aumenta el poder de una bruja!)

¾ de cucharadita de sal

½ cucharadita de bicarbonato de sodio

½ cucharadita de clavo molido

1 y ⅓ de taza (290 g) de azúcar moreno, más ½ taza (110 g) o más al gusto

¾ de taza (180 ml) de leche

½ taza (120 ml) de aceite

2 cucharaditas de extracto de vainilla

2 huevos grandes

1 lata de puré de calabaza

Spray para cocinar

⅓ de taza (40 g) de nueces picadas

Precalienta el horno a 175 °C.

Mezcla la harina, la levadura, la pimienta de Jamaica, la canela, la nuez moscada, la sal, el bicarbonato de sodio y los clavos en un bol grande; haz un pozo en el centro de la mezcla. En un recipiente aparte, mezcla el azúcar moreno, la leche, el aceite, la vainilla, los huevos y el puré de calabaza. Vierte en el pozo de harina y remueve hasta que esté húmedo.

Cubre dos moldes para pan con aceite en aerosol y vierte la masa en los moldes engrasados. Espolvorea con las nueces. Hornea durante una hora o hasta que un palillo de madera insertado en el centro salga limpio. Enfría las hogazas sobre una rejilla durante 10 minutos, luego retíralas de los moldes. Espolvorea un poco de azúcar moreno por encima. Deja enfriar los panes antes de servir.

Galletas de mantequilla con tres ingredientes para Yule de Derrie P. Carpenter

Yule es la versión pagana de la Navidad y también es la celebración del solsticio de invierno. En mi familia, celebramos Yule y Navidad, ya que vivimos en un hogar de religión mixta. Yule es mi sabbat favorito y para mí significa familia, amor y magia. Hacemos todo lo que podemos a la luz de las velas, ya que este sabbat también es un sabbat de fuego, porque marca el renacimiento del sol.

Yule se puede celebrar de muchas maneras diferentes. La forma más común es con un tronco de Yule. Cada especie de árbol está imbuida de diferentes propiedades mágicas y espirituales. Puedes elegir el tipo de madera que sea adecuado para ti y tu familia: roble para mayor resistencia, álamo para la protección y la espiritualidad, abedul para la fertilidad, pino para purificación y prosperidad.

Antes de quemar el tronco de Yule, se decora y se muestra, a menudo como precioso centro de mesa para adornar las comidas festivas. Las decoraciones pueden incluir velas, muérdago, acebo, arándanos y tela o cinta de papel. Sin embargo, lo que más me gusta de las vacaciones de Yule es la tradición en mi familia de hornear galletas de mantequilla.

Para aproximadamente 15 galletas

Ingredientes

1 taza (2 barras o 227 g) de mantequilla, blanda

½ taza (60 g) de azúcar glas

2 tazas (240 g) de harina normal

Harina extra o azúcar de confitería para espolvorear y enrollar

Precalienta el horno a 175 °C. Forra dos bandejas grandes para hornear con papel de horno[1] o con una estera de silicona para hornear.

En un bol grande, bate la mantequilla y el azúcar. Añade la harina y continúa mezclando hasta que se forme una masa suave (al principio se desmenuzará, pero sigue batiendo y se formará una masa suave). Con las manos, forma una bola con la masa.

Con un rodillo y en una superficie de trabajo que esté bien espolvoreada con harina o azúcar de confitería,[2] extiende la masa con un grosor de 6 mm. Corta la masa a rodajas de aproximadamente 12 mm y mételas en el horno precalentado. Repite según sea necesario.

Hornea de 16 a 18 minutos o hasta que las galletas estén doradas. Deja enfriar en la bandeja del horno. Guarda las galletas a temperatura ambiente en un recipiente con cierre hermético o en una bolsa de plástico. Sirve con té o café, o usa como base para cualquier receta que requiera galletas de mantequilla.

---

1. No uses el papel de horno con revestimiento de aluminio debajo, ya que puede hacer que el papel se enrolle sobre las galletas mientras se hornean.
2. Puedes usar harina o azúcar en polvo para extender la masa, pero yo prefiero el azúcar en polvo, que evita que las galletas se vuelvan demasiado densas y harinosas cuando las extiendes repetidas veces. Independientemente de lo que uses, recuerda mantener la superficie y el rodillo bien espolvoreados. Si usas azúcar en polvo, es posible que debas espolvorear la superficie y el rodillo con más frecuencia de lo que lo harías si usaras harina.

Pan frito de Connie Davoie para Lughnasadh

Lughnasadh —también conocido como Lammas, Loafmas, Lúnasa o Acción de Gracias— es uno de los cuatro días puntales entre solsticios y equinoccios, lo que significa que cae casi a mitad de camino entre el solsticio de verano y el equinoccio de otoño. En el hemisferio norte, comienza al atardecer del 31 de julio y continúa hasta el atardecer del 1 de agosto, y en el hemisferio sur, se extiende desde el 31 de enero hasta el 1 de febrero. Es uno de los cuatro festivales de fuego y una fiesta celta que celebran los wiccanos y neopaganos, especialmente aquellos con raíces en la cultura celta.

Lughnasadh es el primer sabbat de las frutas y los cereales, como sucede cuando se recogen los cereales y las frutas de la primera cosecha del año, que normalmente se celebra con una fiesta. La fiestas de unión de manos (boda wiccana) también se suelen llevar a cabo durante Lughnasadh.

Dicen que algunos de nuestros ancestros segaban la primera cosecha de maíz y otros cereales y luego se iban a las montañas y los enterraban como ofrenda de primicia a los dioses, en agradecimiento y para que continuaran las buenas cosechas. La gente venía de kilómetros a la redonda para comerciar, vender y compartir sus bienes, haciendo banquetes y panes hechos con los cereales de la cosecha. Bailaban, bebían cerveza, hacían muchos juegos y contaban grandes historias cerca del fuego… Todavía hoy celebramos una fiesta dando gracias a los dioses y los espíritus de la tierra por estos regalos y por las bendiciones de amigos y familiares. Podemos celebrarlo invitando a nuestros amigos, familias, compañeros de trabajo y vecinos para una cena informal a base de panes, pasteles, frutas y verduras y para sentarse alrededor del fuego y contar historias.

El pan frito es otro nombre para el *pan bannock*, que es un pan tradicional celta que se hace en Lughnasadh.

De 8 a 12 porciones pequeñas o de 6 a 8 porciones grandes

Ingredientes

3 tazas (385 g) de harina para todo uso

1 cucharada de levadura en polvo

1 cucharadita de sal

1 y ¼ de taza (300 ml) de agua tibia

Harina extra para espolvorear y enrollar

Aceite vegetal, mantequilla o manteca, suficiente para llenar el molde a un mínimo de 25 mm de profundidad

Tamiza la harina a fondo con la levadura y la sal en un bol. Haz un pozo en el centro de la mezcla de harina y vierte el agua tibia en el centro. Mezcla la harina y el agua con una cuchara de palo o con las manos. Amasa suavemente y forma una bola; luego dale forma de cilindro de 8 cm. Cubre la masa con un paño limpio de cocina para evitar que se seque y déjala reposar durante 10 minutos. (Es mejor usar la masa en pocas horas, aunque se puede usar al día siguiente si se mantiene en un recipiente cerrado envuelta con plástico, refrigerado, y luego se deja calentar a temperatura ambiente antes de usarla).

Para formar el pan, coloca la masa sobre una tabla de cortar. Con un cortador de masa o un cuchillo, divide por la mitad, luego corta a trozos el cilindro de masa hasta alcanzar el grosor deseado. Corta rebanadas más pequeñas para aperitivos y más grandes para sándwiches. A medida que avances, cubre las rodajas de masa con un paño limpio para evitar que se sequen.

Una vez que hayas cortadas todas las rodajas, es hora de extenderlas. Primero coloca un poco de harina en un plato poco profundo para trabajar mientras extiendes la masa. Espolvorea ligeramente las rodajas con un poco de harina. En una superficie de trabajo ligeramente enharinada, usa un rodillo para aplastar cada rebanada hasta darles un grosor de aproximadamente 6 mm. Coloca cada rebanada en el plato enharinado sacudiéndolas suavemente para eliminar el exceso de harina. Apila las rebanadas terminadas en el plato a medida que avanzas y después cúbrelas con un paño hasta que las vayas a freír.

Calienta el aceite (o derrite la mantequilla o la manteca) en una sartén profunda a fuego alto (por lo menos 175 °C). Incorpora suavemente las rebanadas de pan en el aceite; no llenes la sartén ni tires las rebanadas para que no te salpique el aceite ardiendo. Fríe de 2 a 3 minutos por cada lado hasta que estén doradas. Una vez fritas, escurre sobre papel de cocina para absorber el exceso de aceite. Sirve caliente y cubre con cualquier cosa que te guste: azúcar, canela con azúcar, jarabe de arce, miel, mantequilla (consulta la siguiente receta) o queso fundido.

Mantequilla de miel casera

Para 1 taza (230 g) aproximadamente

Ingredientes

1 pinta (475 ml) de crema de leche espesa   Miel al gusto
Sal (opcional)

Vierte la crema espesa en un bol o en un frasco con una tapa hermética. Puedes usar una batidora de mano o agitar el frasco a mano hasta formar la mantequilla. Si usas una batidora, empieza a baja velocidad, luego sube a velocidad media. Si prefieres un frasco ¡empieza a agitar! Primero se formará una crema suave, luego se irá espesando. Continúa hasta que la crema se rompa en pedazos. Si bates la crema a mano, sentirás que el líquido se espesa y verás que se solidifica paulatinamente tras aproximadamente 10 o 20 minutos; si usas una batidora, la mantequilla comenzará a pegarse a las varillas tras 5 o 10 minutos. Asegúrate de no sobrepasar la mezcla, ya que volverá a ser líquida si esto sucede.

Cuela la mantequilla con una gasa. (El líquido restante es suero de leche, que puedes guardar para otras cosas o darle a tu mascota como regalo). Pon la mantequilla en un recipiente o bol; añade sal y miel al gusto.

Pan dulce de plátano para Ostara de Sherry, también conocida como Phoenix Rayn Song

He sido una bruja practicante de wicca durante muchos años y en mi vida ha habido dos ocasiones definitorias y trascendentales. La primera fue el nacimiento de mi increíble hijo, hace veinte años, y la segunda fue cuando fui iniciada como suma sacerdotisa. Esos momentos increíbles de cambio están en mis pensamientos hoy, cuando consideramos uno de nuestros sabbats de primavera, Ostara.

Ostara se celebra en el equinoccio de primavera (vernal). «Equinoccio» proviene del latín *aequinoctium*, que significa «noche igual». Con el sol directamente sobre el ecuador, día y noche tienen casi la misma duración. Esta igualdad indica que el cambio está cerca. Los días serán más largos, las temperaturas serán más cálidas y la tierra saldrá de su tranquilo sueño invernal.

Estos acontecimientos celestiales y terrestres marcan el comienzo de los cambios en la naturaleza, la vida y el espíritu que nosotros, como wiccanos, disfrutamos y celebramos en primavera. Espiritualmente hablando, la primavera es la temporada de los nuevos comienzos, la fertilidad y el crecimiento. El nombre Ostara se deriva de la diosa germánica Eostre, la diosa del amanecer, la primavera y la fertilidad, un excelente ejemplo de los cambios en la vida… Eostre está asociada con flores y conejos, dos símbolos muy tradicionales de fecundidad, así como huevos decorados de fertilidad…

Hoy, la celebración wiccana de Ostara tiene lugar fuera de la casa, donde podamos disfrutar de los cambios de la naturaleza, sentir el cálido sol, ver animales cortejando y oler la novedad de la tierra… A mí me gusta pasar el día de Ostara en mi patio, mirando los pájaros, disfrutando de las flores en ciernes y buscando signos reveladores de una nueva vida. Decoro mi altar con flores, huevos pintados y estatuas de conejos y creo un regalo especial como ofrenda a Eostre. Una de las cosas que más me gusta hacer es una hogaza de pan de plátano, ya que sabe y huele increíble. Añade dulzura a mi ofrenda y se pueden poner flores frescas en la parte superior de la masa mientras se hornea. A continuación presento mi receta de pan de plátano dulce por si la quieres probar.

Para 1 pan

Ingredientes

½ taza (113 g) de mantequilla sin sal, blanda

1 taza (200 g) de azúcar

¾ de cucharadita de sal

1 cucharadita de bicarbonato de sodio

½ cucharadita de vainilla

2 huevos

½ taza (120 ml) de leche con 1 cucharada de vinagre

2 tazas (680 g) de puré de plátano

Bate la mantequilla y el azúcar en un bol hasta que quede esponjosa. Añade sal, bicarbonato de sodio, vainilla y huevos, y luego incorpora la mezcla de leche y vinagre y los plátanos. Hornea en un molde de pan engrasado durante 60 minutos a 175 °C.

Magdalenas de canela para Beltane de Cheryl Croce Culver

Feliz encuentro. Cuando pienso en el sabbat de Beltane me acuerdo de las canastas de mayo, los árboles que brotan en un nuevo crecimiento tras los largos meses de invierno y las flores de primavera que brotan del suelo helado y nos muestran que el calor y el sol están volviendo a la tierra. El nombre Beltane proviene de la palabra celta «Bel-fire», o «fuego del dios celta Bel» (también llamado Beli, Balar, Balor, Belenus), dios de la luz y el fuego. Beltane es un momento de hogueras para dar la bienvenida al calor y un tiempo para una nueva vida y fertilidad.

Es una fiesta de flores, sensualidad y deleite. Todo se despierta y el ciclo de la vida comienza de nuevo. El amor está en el aire, es un momento para correr, jugar y salir de las casas para buscar comida y diversión. ¡Es la fiebre de primavera! El símbolo más memorable y obvio de Beltane es el palo de mayo. Un símbolo fálico que representa la fuerza masculina y estimulante en la naturaleza y que se utiliza para mostrar la unión sagrada entre la diosa y el dios, que tiene lugar en este momento. El poste representa al dios, por supuesto, y la tierra alrededor del poste representa a la diosa…

Beltane está asociado con lácteos y panes y con estas magdalenas que son una de mis recetas favoritas para Beltane.

Para 12 magdalenas

Ingredientes

½ taza (64 g) de harina normal

½ taza (100 g) de azúcar

2 cucharaditas de levadura en polvo

½ cucharadita de sal marina

½ cucharadita de nuez moscada molida

¼ de cucharadita de pimienta de Jamaica molida

½ cucharadita de canela

1 huevo batido

½ taza (120 ml) de leche

⅓ de taza (76 g) de mantequilla derretida

Suplemento

2 cucharadas de azúcar

½ cucharadita de canela molida

¼ de taza (57 g) de mantequilla derretida

Mezcla la harina, el azúcar, la levadura, la sal, la nuez moscada, la pimienta de Jamaica y la canela. Añade el huevo, la leche y la mantequilla a los ingredientes secos hasta que se humedezcan. Vierte la masa en moldes para magdalenas engrasados o de papel. Hornea a 205 °C durante 20 minutos o hasta que un palillo de madera insertado en el centro de una magdalena salga limpio.

Para la cobertura, mezcla el azúcar y la canela. Pinta la parte superior de las magdalenas calientes con la mantequilla derretida y sumérgelas en la mezcla de azúcar y canela.

Galletas de mantequilla con miel y limón para Litha de Katie Snow

Litha es el sabbat de pleno verano. Es el solsticio, el día más largo del año. Las fechas exactas varían según el lugar geográfico en el que te encuentres, pero la fiesta se celebra normalmente entre el 19 y el 25 de junio. La celebración de la víspera de San Juan, muy anterior al cristianismo, era la fiesta del solsticio de verano. Durante estos festivales, se encendían grandes hogueras para alejar a los espíritus malignos que se creía que vagaban libremente por la tierra mientras el sol giraba hacia el sur. Astrológicamente, en este momento, el sol está entrando en Cáncer, por lo que el verano no sólo es un buen momento para la magia con fuego, sino también para la magia con agua. Éste es un buen momento para honrar al rey del roble poniendo hojas de roble y todos los colores del verano en tu altar.

Litha es un momento para volver a la naturaleza a medida que los campos crecen y florecen. Intenta pasar tanto tiempo como puedas al aire libre, disfrutando del sol que una vez más calienta la tierra. Una manera perfecta de celebrarlo es hacer una hoguera y una reunión con familiares y amigos para compartir la llegada del verano. Litha es una época alegre del año, llena de toda la diversión que los meses de verano tienen para ofrecer. Añadir un círculo de tambores o música y bailar en torno a la hoguera es una forma maravillosa de disfrutar plenamente de cualquier reunión veraniega. Estas deliciosas galletas son las favoritas de mi familia. Llenas de sabor con mucha dulzura, son una adición sabrosa a cualquier celebración.

Para 45 galletas aproximadamente

Ingredientes

3 y ³/₄ de taza (480 g) de harina normal

¹/₂ cucharadita de sal

¹/₄ de cucharadita de levadura en polvo

1 y ¹/₂ taza (3 barras o 340 g) de mantequilla sin sal, blanda

³/₄ de taza (165 g) de azúcar moreno

¹/₂ cucharadita de zumo de limón

1 cucharadita de ralladura de limón

¹/₄ de taza (85 g) de miel, más 2-3 cucharadas para pintar las galletas

Azúcar glas para espolvorear galletas

Mezcla la harina, la sal y la levadura. Reserva. En un recipiente aparte, bate la mantequilla y el azúcar hasta que tengan un color claro y una textura esponjosa. Añade miel, zumo de limón y ralladura de limón, y bate hasta que se mezclen. Rasca los lados del bol según sea necesario.

Incorpora gradualmente la mezcla de harina a la de miel y limón, y continúa mezclando hasta que se vuelva una masa. Amasa sobre una hoja grande de cera o papel de horno y forma un tronco largo y delgado de aproximadamente 50 mm de diámetro. Enrolla el tronco de masa en papel encerado y congélalo toda la noche hasta que esté listo al día siguiente.

Cuando vayas a hornear las galletas, precalienta el horno a 175 °C. Saca la masa del congelador y corta rodajas de 6 mm de grosor. Coloca las rodajas en bandejas forradas con papel de horno.

Calienta 2 o 3 cucharadas de miel en el microondas durante 10-15 segundos. Pinta la miel sobre las galletas e inmediatamente espolvorea con azúcar glas. Hornea 10-12 minutos o hasta que estén doradas. No hornear en exceso. Deja enfriar durante unos 5 minutos en las bandejas antes de retirar las galletas y colócalas en una rejilla para enfriar. Una vez completamente frías, guárdalas en un recipiente hermético.

Sopa de salchichas para Mabon de Dori Hayes, también conocida como Darklady

Mabon, para mí, significa el primer día de otoño, cuando los días y las noches tienen la misma duración y el invierno llegará pronto. Mabon, que se celebra en el equinoccio de otoño, el punto medio entre la cosecha y la siembra, es cuando debemos dar las gracias, así como mirar hacia atrás, al año pasado y planear el próximo.

Mabon también es un tiempo de descanso y celebración, un tiempo para hechizos de protección, prosperidad, seguridad y confianza en uno mismo. Los colores que hay que utilizar son oro, naranja, amarillo, rojo, bronce y óxido. Yo pongo un altar dentro de casa usando una mesita redonda. En mi altar hay bellotas y hojas secas que he recogido, junto con maíz. Además corto manzanas por la mitad para poder ver las semillas con su forma de estrella, y luego las seco y las ensarto con piñas en el medio, queda muy bonito. También las pongo en el altar. Enciendo una vela amarilla y naranja y pido bendiciones para mi vida y paz en el mundo.

Luego llega la hora de preparar mi comida de Mabon, la sopa de salchichas, que es genial. Después de haber dado gracias a la diosa y haber comido, siempre salgo a caminar por el bosque o por el río, no sólo para dar un paseo que baje la comida, sino también para poder respirar y estar más cerca de la naturaleza.

Bendiciones para todos vosotros.

Para 6 a 8 personas

Ingredientes

3 salchichas (me gustan potentes, así que uso salchichas picantes)

3 cebollas blancas medianas

3 latas grandes de alubias

3 latas grandes de tomate troceado

8 patatas pequeñas

Laurel, tomillo y ajo en polvo al gusto

Sal y pimienta

Calienta las salchichas y la cebolla en una olla grande hasta que estén bien doradas. Añade los otros ingredientes, cubre de agua y cuece a fuego lento hasta que las patatas estén tiernas. Sirve en un bol con pan francés o de masa madre.

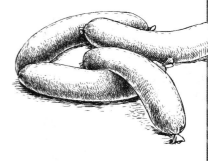

Pastel para Imbolc de Rachel McGirr

Imbolc es una fiesta importante en la tradición celta. Marca el punto entre el solsticio de invierno y el equinoccio de primavera. Es un momento de renacimiento y esperanza que comienza con el tan esperado regreso de la primavera. Aquí en Irlanda, donde también se le conoce como Oimelc, las celebraciones gaélicas se llevan a cabo en todo el país, desde el amanecer hasta el atardecer.

Las figuritas de maíz, las cruces de Brigid y los pasteles de maíz están hechos de cereales, juncos y trigo que se recolectaron en la cosecha. Imbolc se consideraba una de las piedras angulares del calendario tradicional celta, porque cuando los productos de invierno se van agotando, el éxito de la nueva temporada agrícola es de gran importancia.

El nombre Imbolc proviene del antiguo *imblog* irlandés, que significa «en el vientre», que es una referencia a las ovejas preñadas y al ordeño. Se llevaban a cabo rituales de Imbolc para aprovechar la energía divina que ayudaría a los agricultores a cultivar un buen suministro de productos hasta la próxima cosecha, que tiene lugar seis meses más tarde.

En Irlanda, Imbolc también celebra la triple diosa Brigid, quien representa las etapas cronológicas de jovencita, madre y anciana. Brigid se celebra entre los días 31 de enero y 1 de marzo en el montículo de los Rehenes de Tara, una tumba megalítica en el condado de Meath, donde, en esos días, el sol naciente se alinea con la cámara interior. Las hogueras celebran el poder cada vez mayor del sol durante el próximo mes.

Ésta es una receta de mi pastel para Imbolc ¡Puedes prepararlo y hornearlo en el mismo recipiente!

Ingredientes

1 y $^3/_4$ de taza (224 g) de harina normal

$^1/_2$ taza (100 g) de azúcar

2 cucharadas de semillas de amapola

1 cucharada de bicarbonato de sodio

$^1/_2$ cucharada de sal

$^3/_4$ de taza (180 ml) de agua

$^1/_4$ de taza (60 ml) de aceite

1 cucharada de raspadura de limón

1 cucharada de raspadura de naranja

2 cucharadas de zumo de limón

2 cucharadas de zumo de naranja

Azúcar en polvo

Precalienta el horno a 175 °C. Mezcla la harina, el azúcar, las semillas de amapola, el bicarbonato de sodio y la sal con un tenedor en un molde para hornear sin engrasar de 23 x 23 x 5 cm. Añade los ingredientes restantes excepto el azúcar en polvo. Hornea durante 35-40 minutos o hasta que un palillo de madera insertado en el centro salga limpio y la parte superior esté dorada. Retira del horno y deja enfriar. Espolvorea con azúcar glas.

Relájate y comparte

La belleza de la wicca es que no hay reglas estrictas, así que puedes explorar todos los rituales y recetas presentados en este capítulo y buscar sólo aquellos que más te llamen la atención... y luego compartirlos. Así es, después de todo, cómo se llevan a cabo las tradiciones y creencias, transmitiéndose a través de los siglos y tal vez (dependiendo de tus habilidades y dedicación) incluso se mejoran.

Polvo del deseo de Sabbat para atraer la buena fortuna

POR RACHEL MCGIRR

Cualquiera que sea el sabbat, toda bruja sabe que son momentos de celebración para dar gracias, siguiendo el calendario wiccano. Hoy en día, las brujas de todo el mundo creen que los sabbats tienen un gran poder y hacen hechizos para reponer las cosas buenas de la vida en los próximos meses.

Muchas brujas hacen polvo del deseo durante los sabbats para tenerlo a mano cuando lo necesiten al momento. El polvo del deseo funciona para cualquier deseo siempre que no sea codicia. Es muy general, pero es bastante útil cuando quieres hacer algo de magia rápidamente.

Materiales

1 cirio con candelabro

3 cucharaditas de ulmaria o reina de los prados, seca (la puedes comprar online)

3 cucharaditas de albahaca seca, más 3 cucharaditas de menta seca (una mezcla mágica para atraer buena fortuna)

Mortero

1 olla pequeña plateada (aluminio o acero) para añadir a la magia y representar deseos

1 fiambrera pequeña con tapa a presión

Ritual

En una de las noches durante el sabbat que estés celebrando, enciende el cirio y colócalo en el candelabro. Machaca las hierbas tan finamente como puedas con la mano del mortero. Luego incorpóralas a la olla pequeña plateada y mezcla bien durante un rato. Mete la mezcla en la fiambrera y ciérrala con su tapa. Sostén el recipiente en una mano y el cirio en la otra, y di estas palabras siete veces:

> Polvo mágico en este plato,
> sé siempre poderoso y concede mi deseo.

Deja el polvo al lado del cirio durante un par de horas y luego apágalo. Guarda el polvo debajo de tu altar o con tus otras herramientas mágicas.

En los próximos meses, cuando quieras pedir un deseo, saca el polvo del deseo por la noche. Coge una pizca y tíralo al aire, fuera de casa, mientras pides tu deseo en silencio. Sé realista con los deseos y deberían hacerse realidad.

Apéndice

Mesa redonda sobre remedios populares

VOCES DE TODO EL MUNDO

Desde la sabiduría ancestral de las brujas hasta la sabiduría ancestral de los paganos en general, pasando por la de los druidas, los celtas o los sanadores y practicantes holísticos actuales, todos han tenido claro que las medicinas alternativas han estado funcionando con éxito durante miles de años.

En la actualidad, los mejores profesionales médicos están de acuerdo en que cuando no se puede encontrar el medicamento adecuado para lo que aqueja al paciente, a veces hay que cambiar de rumbo y mirar en otra dirección. La respuesta a menudo está disponible si sabes dónde buscarla.

¿Tienes dolor de cabeza? ¡Hay una hierba para eso! ¿Tienes un problema en el vientre? ¡Hay una especia para eso! ¿Tienes un problema sinusal? ¡Hay una poción para eso! ¿Tienes un resfriado o gripe? ¡Hay otra poción para eso!

La manzanilla calma los nervios, el aceite de menta aporta energía, el champú de ceniza volcánica seca el cabello graso, el aceite de lavanda te ayuda a conciliar el sueño: no tienes que mirar muy lejos para ver la magia en los armarios de la cocina, la tienda bio o los estantes del supermercado de la esquina.

Afirmaciones y Actitudes

POR CHARISSA

Cada vez que tengo un problema médico, un dolor, una molestia, etc., además de cualquier tratamiento médico u holístico que use para los síntomas físicos, me gusta abordar las emociones que pueden estar contribuyendo al problema, así como las emociones derivadas de no sentirse bien físicamente. Una de las formas de hacerlo es mediante afirmaciones: declaraciones positivas diseñadas para ayudar a la mente a crear un cambio. Utiliza siempre declaraciones positivas. Mantente alejada de palabras como «no», «no pasará», «no se puede», etc. Haz declaraciones cortas, de hecho. Repítelas muchas veces durante el día para que tu subconsciente esté de acuerdo. Ejemplo: «Soy feliz», no «seré feliz» ni «No seré infeliz».

He descubierto que cambiar mi estado mental suele provocar el cambio físico más rápidamente y facilita el proceso de curación.

REMEDIOS HOLÍSTICOS PARA LA SALUD
DE LA A A LA Z

A menudo nos encontramos en situaciones inesperadas, como cuando caemos enfermos o nos lesionamos; igual es un día festivo y las tiendas están cerradas o te pasa algo en mitad de la noche. Aquí hay algunos remedios caseros y consejos de colaboradores de todo el mundo para ayudarte a recuperar tu bienestar. Queremos dar las gracias a nuestros colaboradores por compartir sus conocimientos e historias personales en este capítulo. Sois la luz en la oscuridad que ayuda a iluminar el camino hacia el bienestar y la buena salud de los demás.

> *NOTA: Consulta siempre con tu médico antes de tomar o seguir cualquier remedio casero, y consulta las listas de hierbas del capítulo 7 (véanse páginas 210-212 y 217-219), que incluyen precauciones y contraindicaciones para ciertas afecciones. Además, como se mencionó anteriormente, para cualquier tratamiento tópico, prueba antes en un trocito de piel y espera un día para asegurarte de que no tienes ninguna reacción alérgica. Deja de usar si se produce enrojecimiento, hinchazón o picazón, o si empeora. También ten en cuenta que algunas de las entradas se han adaptado o editado ligeramente.*

ARRUGAS Lori Morgan

Te daré un tratamiento en tres pasos para reducir naturalmente la inflamación, limpiar los poros, reducir las arrugas, tensar la piel y cerrar los poros grandes. Antes de comenzar cualquier tratamiento para el cuidado de la piel, asegúrate siempre de que tu piel haya sido limpiada adecuadamente con agua tibia y un exfoliante facial. Tienes que eliminar toda la piel seca y muerta.

1. Menta: Hierve un puñado de hojas de menta en agua. Cuela las hojas y ponlas en un trozo de tela blanca limpia en el agua. Deja reposar durante unos minutos. Cuando el agua se haya enfriado ligeramente pero todavía esté tibia, coge el paño y escúrrelo suavemente, dejando un poco de humedad. Pon la tela sobre tu cara, acariciando suavemente. Esto abrirá y limpiará tus poros y reducirá la inflamación.

2. Clara de huevo: Bate dos claras de huevo en un bol hasta que formen picos suaves. Usando una esponja facial, aplica las claras de huevo en la piel desde la barbilla hasta la frente, con movimientos ascendentes, masajeándolas suavemente. Deja que la máscara repose durante veinte minutos, luego lava con un paño tibio, limpia desde la barbilla hasta la frente con movimientos ascendentes. Esto reducirá las arrugas y tensará la piel y los poros.

3. Hamamelis: con una esponja facial, aplica el hamamelis. Sus propiedades astringentes también tensarán la piel.

El uso regular de estos productos naturales ayudará a mantener tu piel sana.

Amén.

ACEITE PARA CABELLO Shawn Robbins

Descubrí que la mejor solución para el cabello graso es el champú de ceniza volcánica, que se encuentra en muchas tiendas online. La ceniza de volcán es rica en azufre y seca el residuo aceitoso, y deja tu cabello naturalmente brillante y sano.

ALERGIAS Y PROBLEMAS SINUSALES Lashette Williams

Puedes eliminar las alergias y la sinusitis. Para la persona que padezca alergia general y que siente que el uso regular de medicamentos no la ayuda mucho, hay dos aceites esenciales que alivian muchos problemas de sinusitis. El primero es el aceite de eucalipto, que tiene propiedades descongestivas que alivian la secreción nasal, la congestión o incluso los dolores de cabeza por culpa de la sinusitis. En segundo lugar, para una infección sinusal recomiendo el aceite de árbol de té. Es fuerte y más rápido que el eucalipto y sus propiedades antisépticas ayudan a descomponer la infección. Añade unas gotas a una olla de agua hirviendo o usa un calentador de aceites para inhalar el vapor, o pon unas gotas en una toalla caliente y comprime con ella la cara para aliviar el dolor de cabeza sinusal. Algunas personas incluso lo mezclan con aceite de coco, manteca de karité o aceite de almendras para masajear en la región sinusal. Personalmente, me gusta añadir aceite de eucalipto o aceite de árbol de té a un baño tibio.

ALERGIAS, ANTIBACTERIANOS, EQUILIBRIO DE PH Dru Ann Welch

«Mielagre» es el remedio favorito de Dru Ann. Es una combinación sencilla de dos sustancias muy poderosas: miel y vinagre de manzana. ¿Qué tiene de especial esta combinación? La miel por sí sola es un fuerte antibacteriano, y se cree que si se usa miel auténtica (de abejas) puede actuar como antialérgico. El vinagre de manzana también es un antibacteriano y funciona para equilibrar el pH en tu sistema. Juntos forman una bomba para combatir las infecciones.

Receta: Coge un frasco vacío y llénalo hasta la mitad con miel y el resto con vinagre de manzana. Cierra el frasco y agita para mezclar. Toma una cucharada por la mañana y otra por la noche cuando empiecen tus alergias (también es bueno para un resfriado) y continúa de cinco a diez días.

ANSIEDAD Tracie (Sage) Wood

Los aceites esenciales, como la siguiente mezcla calmante, pueden ayudar a reducir o controlar la ansiedad y la depresión leve. En un frasco pequeño, combina 6 gotas de lavanda, 4 gotas de incienso, 4 gotas de artemisa, 3 gotas de geranio y 2 gotas de manzanilla en $1/8$ de taza (30 ml) de un aceite portador, como el de semillas de uva, almendras o aceite de albaricoque. (Consulta las páginas 65-66 para obtener instrucciones sobre cómo mezclar, agitar y almacenar el aceite). Frota la mezcla en los puntos del pulso, los omóplatos y la base del cuello según sea necesario para controlar los síntomas.

CALAMBRES EN LAS PIERNAS
Carmel Norton

Muchos aceites esenciales tienen efectos antiespasmódicos, lo que los hace eficaces para los calambres en las piernas. Para hacer un simple aceite de masaje, combina 2 gotas de aceite de mejorana, lavanda y ciprés en 1 cucharadita de aceite de oliva. Masajea en la zona afectada frotando profundamente. El efecto combinado de los aceites aumentará la circulación en el área, liberando el calambre. Si quieres hacer una mayor cantidad de aceite para usos futuros, guárdalo en botellas de vidrio oscuro en un lugar fresco y oscuro.

CALAMBRES MENSTRUALES
Laura Perry

Soy una naturópata jubilada, pero a pesar de que me estoy centrando en escribir libros y dedicarme al tarot en estos días, la herboristería sigue siendo una parte muy importante de mi espiritualidad y mi vida. Reposa en silencio en los armarios de nuestra cocina, en su mayoría desapercibidos. De hecho, algunos de mis remedios favoritos provienen de hierbas que probablemente ya tengas en tu cocina. Una poderosa ayuda para las mujeres es la albahaca, que alivia los calambres menstruales con notable eficacia.

Pon una cucharadita de hierba seca en una taza. Vierte agua hirviendo y luego tápala con un platito para contener el vapor mientras se empapa durante diez minutos. Endulza como te guste y agradece al espíritu de la planta por el alivio.

COLESTEROL Y CONSTIPACIÓN
Charity Bedell

Aunque como bastante sano y cuido mi cuerpo, a lo largo de los años he tenido dos problemas de salud que me causan problemas. Uno era un problema hereditario de colesterol alto. El otro es un problema de estreñimiento. Para ayudar a reducir mi colesterol y lidiar con mis problemas de estreñimiento, comencé a comer avena o cereales a base de avena. Usando este método, tengo menos problemas con el estreñimiento y el colesterol se mantiene bajo y saludable por primera vez en mi vida.

CORTES Y RASGUÑOS Athena Perrakis

Los cortes y rasguños son comunes y sin embargo crean cambios en nuestros campos de energía y son invitaciones para participar en la magia curativa. A veces ocurren como una forma de conectarnos con nuestra propia magia de sangre y fuerza vital. Cuando aparece una de estas lesiones, busco apoyo en el poder del reino vegetal. Los aceites esenciales de incienso, mirra, lavanda silvestre, caléndula y árbol de té son potentes aliados que puedes aplicar directamente en cortes y rasguños (después de limpiarlos) para activar tu poder curativo innato y acelerar tu recuperación. También convocan a los espíritus curativos y guías para que te rodeen mientras te recuperas.

DOLOR DE MUELAS Nanette Baker

Al crecer junto a mis abuelos maternos, el uso de hierbas que aprendí incluía tradiciones de los amerindios, irlandeses y alemanes. Hay dos hierbas principales que uso para los dolores de muelas. El primero es el clavo común. La abuela solía colocar un clavo entero entre mis dientes donde estaba el dolor, me decía «Muerde» y que lo dejara allí hasta que se me fuera el dolor. Era un sistema primitivo, pero funcionaba. Ahora uso aceite de clavo. Se puede utilizar para adormecer las encías y puedes ponerlo en un herpes labial (donde arderá como fuego durante medio segundo y luego lo adormecerá). Hago también gárgaras con agua salada tibia, que ayuda a prevenir infecciones. **No recomiendo usarlo en las encías de los niños**, porque el aceite es muy fuerte, especialmente el olor.

La segunda hierba que uso es una planta menos conocida: *Acmella oleracea*, la planta del dolor de muelas, que se cree originaria de Brasil. Las semillas y las hojas tienen un efecto adormecedor cuando se mastican. Un amigo me enseñó esta planta un fin de semana que tenía dolor de muelas, y me alivió. Mordí un poco las hojas para activar el efecto y luego las empujé hacia la muela que había perdido un empaste y que me dolía. **(Nota: Antes de masticar la planta del dolor de muelas, habla con tu médico, y si tienes problemas dentales graves, comunícate con tu dentista de inmediato).**

DOLOR DE OÍDOS Amber Barnes

Aquí hay un par de consejos de brujería que pueden ayudarte cuando se tiene dolor de oídos.

Recuerdo que mi abuela y mi madre hacían esto conmigo. Deja caer un poquito de aceite de oliva tibio en la oreja dolorida y luego coloca un trozo de algodón en la oreja, a modo de tapón. Todavía hago esto de vez en cuando, pero incorporo aceites esenciales al aceite de oliva. Puedes mezclar 4-6 gotas de árbol de té o aceite de lavanda con una cucharadita de aceite de oliva y colocar unas gotas en la bola de algodón para luego insertarla en la oreja.

Solía nadar mucho y era propensa a tener dolor de oídos. Mi abuela hacía una compresa tibia con una toalla pequeña y luego me hacía acostarme en el sofá con la oreja dolorida contra la toalla. Eso ayudaba con el dolor y también drenaba líquidos. Todavía continúo con este método hoy, pero ahora hago una almohada de linaza con aceites esenciales mezclados. Luego la caliento en el microondas durante aproximadamente 15-20 segundos. Esto también se puede hacer con arroz en un calcetín limpio si no tienes tiempo para hacer una almohada.

DOLOR DE RODILLA Alyson Stewart

En 2005 me rompí la pierna por el tobillo. Tuve múltiples fracturas que requirieron cirugía. Me colocaron una varilla de titanio y tornillos. Entonces comenzó el proceso de curación. Como practicante y sanador mágico, elegí confiar en métodos de curación holísticos y naturales. Empleé técnicas de masaje y Reiki con aceites curativos, cristales y calor para sanar y controlar el dolor durante todo el proceso.

Dos de mis aceites favoritos para aliviar y controlar el dolor son los de mejorana dulce y eucalipto. La mejorana dulce tiene propiedades sedantes y es útil para el dolor y la rigidez. **(Nota: No la tomes con litio).**

El aceite de eucalipto tiene propiedades analgésicas y antinflamatorias para ayudar a aliviar el dolor y la hinchazón. Estos aceites pueden usarse en masajes y Reiki o añadirse a un baño para aprovechar los beneficios adicionales del calor húmedo. Hay opciones con cristales prácticamente ilimitadas para aliviar el dolor. Mis elecciones son hematites, amatista y cuarzo blanco. La hematites reduce el dolor y aumenta la circulación. La amatista y el cuarzo blanco alivian el dolor. Se puede usar gasa para mantener los cristales en el área afectada.

ESGUINCES Mark Bowler

Hay dos métodos principales que recomiendo para aliviar los esguinces: la curación con cristales y las plantas. Con respecto a la curación con cristales, existen diferentes ideas sobre qué cristales son mejores para los esguinces, pero yo sin duda elegiría el cuarzo. La mayoría de los cuarzos están bien, pero los mejores son los claros y los rosados. Todos los cristales que uses deben cargarse y energizarse primero (consulta las páginas 84-85), y luego deben usarse en contacto directo con el área afectada.

La carga debe durar de doce a veinticuatro horas. He descubierto que de veinticuatro a cuarenta y ocho horas son suficientes para marcar una diferencia significativa en el dolor. Puedes sentir el calor de la energía de los cristales; son muy eficaces. Para las hierbas y plantas, las opiniones también varían, pero mi método probado es una cataplasma tibia de árnica (Arnica montana) y consuelda (Prunella vulgaris) aplicada directamente en el área afectada. Para hacer la cataplasma, coge un puñado de cada hierba y envuélvela en un trozo de muselina asegurándola con una cinta o cordón. Remoja la bolsa en agua hirviendo durante un minuto o dos y luego retírela del agua con pinzas o una espumadera. Deja que se enfríe lo suficiente para que puedas ponerlo sobre la piel.

Cuando haya perdido totalmente su calor, caliéntalo otra vez o haz una nueva. Generalmente se pueden calentar tres o cuatro veces antes de perder su eficacia. **(No uses árnica si estás tomando medicamentos anticoagulantes y no la pongas sobre la piel lesionada).**

Si tuviera que elegir entre las dos opciones, escogería la cataplasma: soy de la vieja escuela. ¡Ponte bueno! Amén.

ESTRÉS Kelly Louise Kreqeli

Como muchas personas, sufro de estrés y depresión, lo que me causa dolores de cabeza y me impide dormir. Decidí probar un remedio natural para reducir mis niveles de estrés y depresión. Pongo un poco de aceite de lavanda en un difusor de esencias con una vela de té blanco y algunas varitas de incienso de lavanda. Si hago esto en mi habitación unas horas antes de irme a dormir, realmente me ayuda. **(Nota: Nunca dejes velas o varitas de incienso encendidas sin supervisión).**

Bienaventurado seas.

FATIGA Gillian Hughes

¿Con qué frecuencia te quedas sin energía? A menudo tomamos un café o un té para un bajón repentino que no dura mucho tiempo y luego nos sentimos aún más cansados. El cansancio puede aliviarse usando la curación con cristales para revitalizarnos. Tuve una clienta que tenía dificultades para lidiar con fatiga crónica; siempre estaba cansada y no dormía bien. Trabajé con ella con cristales de alta energía como el jaspe rojo, el cuarzo (ahumado, blanco y rosa), hematites y apofilita para facilitar el aumento de energía y un sueño más reparador. Fue un éxito.

FIEBRE Angela Bass

Liberamos gran parte de nuestro calor corporal a través de la piel, por eso un baño tibio y agradable te bajará la fiebre. No te sumerjas en agua fría ni pongas hielo en la bañera. El agua debe estar tibia, no fría. Otro método es colocar un paño húmedo y fresco sobre los pies. Asegúrate de beber líquidos como agua y caldo para evitar la deshidratación. También puedes comer uvas o fruta fría y acuosa, como sandía, para mantenerte hidratado.

FIEBRE DE HENO Jane JJ Baxter

He sufrido fiebre del heno desde que tenía nueve años. La fiebre del heno puede aparecer de diferentes formas y puede manifestarse con una multitud de síntomas según la época del año. Aquí tienes algunos remedios para ayudar con esos síntomas.

Pon un puñado de sal marina en la bañera y date un baño. Esto eliminará cualquier polen de tu cuerpo. También uso un aerosol nasal de sal marina para la nariz tapada; úsalo 3-4 veces al día según sea necesario.

Otra forma de despejar la congestión es poner 2-3 gotas de aceite de eucalipto en agua en un quemador de esencias.

Para los ojos, sumerge un paño en agua fría y colócalo sobre los ojos. También puedes usar rodajas de pepino frías puestas directamente sobre los párpados.

Para aliviar el picor, el dolor de garganta y aliviar la congestión, puedes preparar dos tipos de infusiones: menta o miel y limón. Para el primero, sumerge una bolsa de menta durante tres minutos en agua caliente. Para hacer miel y limón, añade una rodaja de limón y una cucharadita de miel al agua caliente.

FORÚNCULOS Kimberlie Miller Clark

Soy un sanador de tercera generación. A mi abuela Marie Miley Hughes la llamábamos Dra. Abuelita, y hacía sus propios remedios. Mi madre, Nadine Hughes Miller, podía aliviar el dolor de una quemadura simplemente soplándola y frotándola. No hace mucho tiempo, tuve un relativo sufrimiento con un forúnculo. Investigué un poco y encontré una manera exitosa de deshacerme de él. Espero que este remedio, que se originó en la India, también funcione contigo. Necesitarás una raíz de cúrcuma cruda, un poco de agua y un mortero de piedra. Hierve la raíz de la cúrcuma en una olla pequeña durante quince minutos. Retira la raíz del agua, deja que se enfríe y luego machácala en el mortero hasta que se convierta en una pasta.

Extiende la pasta sobre el forúnculo por la noche y cubre con una gasa. Enjuaga la pasta con agua por la mañana. Esto debería hacer que el grano madure y drene más rápidamente. Haz esto dos veces por semana hasta que el grano desaparezca.

GINGIVITIS Starstone Silvermoon

Hay varias soluciones para el dolor de encías o gingivitis. El primero es una pasta de dientes especial. Mezcla una cucharada de bicarbonato de sodio, $1/2$ cucharadita de sal de roca (la sal del Himalaya es la mejor) y una gota de aceite de clavo en un frasco pequeño y poco profundo con tapa de rosca. Derrite una cucharadita de aceite de coco y combina con los ingredientes del frasco para hacer una pasta. Añade más aceite de coco si es necesario. Para eliminar la gingivitis, usa esta pasta de dientes una vez por semana y el resto de días frota los dientes con aceite de coco puro (un tratamiento ayurvédico que consiste en hacer enjuagues bucales con el aceite durante unos veinte minutos y luego escupirlo). Si te sangran las encías, cepíllalas suavemente con un cepillo de dientes muy suave y el aceite de coco. Esto eliminará de las encías la infección en curso y eliminará el tejido infectado y muerto.

No olvides usar hilo dental entre los dientes y cepillarte la lengua para eliminar las bacterias de la boca.

HIPO Bryant Pinnix

Tener hipo puede ser bastante desesperante. Un viejo cuento popular dice que cuando los niños tienen hipo significa que están creciendo, pero todos sabemos que es una leyenda sin fundamento. El hipo generalmente ocurre cuando tragamos demasiado aire mientras bebemos o comemos. Es la forma natural de nuestro cuerpo de decir: «¡No hagas eso!». He tenido la suerte de haber averiguado algunos trucos a través de los años para deshacerme de semejante molestia. Realmente espero que a ti también te vayan bien.

Haz que un amigo te asuste de alguna manera.

Respira en una bolsa de papel (¡no de plástico!) continuamente durante aproximadamente un minuto. Esto aumenta la cantidad de dióxido de carbono en los pulmones y generalmente detiene el hipo.

Finalmente, mi forma favorita de todas, contener la respiración y tomar varios tragos de cerveza o refresco de cola. La efervescencia contrarresta el aire tratando de abrirse paso por la garganta, y al contener la respiración hace que sea imposible tener hipo mientras bebes. Además, como personalmente soy pagano, me gustaría dejar un pequeño canto para que se lo enseñes a tus hijos cuando tengan hipo. ¿Quién sabe? ¡Quizás las palabras solas sean suficientes para librarlos del hipo!

Tanto arriba como abajo,
el hipo viene y se va.
Ahora está aquí y quiero que se vaya.
Con el poder del aire,
hipo, ¡déjame en paz!
Gracias aire, por ayudarme
en nombre de la diosa.

INFECCIONES SINUSALES Deb Bresser

Éste es un remedio muy bueno que hará maravillas con las infecciones sinusales.

Ata un manojo de ramas de eucalipto de buen tamaño (con hojas). Cuélgalo del cabezal de la ducha y abre el agua caliente. Deja que se acumule una buena cantidad de vapor y luego ajusta la temperatura del agua para poder meterte en la ducha. Una vez dentro, cierra los ojos para evitar la irritación. Respira el vapor profundamente y exhala lentamente. La mucosidad no tardará mucho en comenzar a drenarse. Haz esto al menos durante veinte minutos. Cuando salgas de la ducha, suénate la nariz y escupe todo lo que se drene por tu garganta. Si no es momento de darte una ducha, coloca las hojas de eucalipto en una olla de agua hirviendo (si tienes aceite de árbol de té, también puedes añadirlo, porque es un antiséptico natural. Coloca al menos 10-12 gotas en el agua). Ponte una toalla de baño sobre la cabeza y la olla y respira el vapor.

Recuerda cerrar los ojos para evitar irritaciones. Si no te sientes mejor después de repetir esta ducha durante varios días, ve al médico. ¡Recupera la salud!

INSOMNIO Sadie con Sleeping Gryphon

Como propietaria de un negocio, madre y mujer sabia, he estado estudiando brujería durante los últimos veintitrés años y herboristería durante los últimos diez. Estudio la unidad e intento concentrarme en reunir a todas las personas que me rodean mientras mantengo mi propia individuali-dad. Ésta es mi «Tisana de Noche-Nocturna», un remedio ideal para el insomnio.

Coloca los ingredientes en un infusor de té y deja reposar durante quince minutos. Sirve con miel (¡uso mucha porque me gustan las tisanas muy dulces!). Bebe mientras esté caliente.

Ingredientes
3 partes de manzanilla seca
2 partes de catnip seco
2 partes de raíz de valeriana seca
2 partes de menta seca
1 parte de escaramujo seco

INSOMNIO, TEMAS DE SUEÑO

AnamNa Tine

Muchos de nosotros sufrimos trastornos del sueño. Existen diversas opciones para ayudar con este problema, desde tomar leche tibia hasta hacer yoga y meditación para relajar el cuerpo y la mente. Hierbas como la lavanda, la manzanilla, la pasionaria, el lúpulo, la melisa y la raíz de valeriana pueden ayudar con los trastornos del sueño. (Consulta las páginas 224-227 para obtener más información; no tomes estos remedios si tomas sedantes). Mi canto de sueño favorito es:

El sol está durmiendo, la luna está afuera.
Deja que las estrellas te guíen
a través del sueño.

IRRITACIÓN DE LA PIEL Ariel

El aceite de plátano se puede usar en muchas irritaciones de piel, desde quemaduras solares hasta acné y piel dañada. Para hacer un aceite de infusión con plátano, seca las hojas frescas de plátano colocándolas sobre papel encerado y dejándolas directamente al sol. Si es verano, estarán ya secas al final del día. Si secas muchas, podrás guardarlas para el invierno. Una vez secas, añade 3-4 tazas (96-128 g) de plátano seco a un aceite portador que te guste (el mío es el de semilla de uva), usando una proporción de 1:2 de aceite a hierba. Coloca en un lugar seco y fresco durante 3 o 4 semanas.

Cuela las hojas con una gasa o un colador fino. Ahora tienes un aceite de infusión de plátano que puedes frotar sobre la piel. **(No lo uses si estás tomando warfarina).**

IRRITACIÓN DE LA CARA
POR AFEITADO Rev. H.P. Anuj Elvis

Quiero compartir mi receta para calmar las irritaciones del afeitado. Siempre trato que sea un tratamiento simple y me gusta experimentar con los ingredientes disponibles en mi cocina. La irritación del afeitado puede ser desagradables y mi poción es fácil pero eficaz.

Lo que necesitas son 7 u 8 hojas de margosa india o nimbo. La cantidad depende de la cantidad de bálsamo que quieras hacer. Además, necesitarás 1 cucharadita de polvo de alumbre y 1 cucharada de miel. Machaca las hojas hasta formar una pasta con el mortero y mezcla bien todos los ingredientes. Aplica la pomada en el área de la barba como una mascarilla y déjala actuar durante 15 minutos antes de enjuagarla con agua del grifo.

MAL ALIENTO Yancy Walker

Voy a hablar contigo sobre algo que nadie te dirá que tienes: mal aliento o halitosis. Hay varias cosas que pueden causar mal aliento. La principal de ellas es la higiene, que es muy importante para mantener la boca limpia y el aliento fresco. Cepíllate los dientes y usa hilo dental con la mayor frecuencia posible. Yo me cepillo los dientes con una mezcla de peróxido de hidrógeno (agua oxigenada) y bicarbonato de sodio. Solía ver a mi madre hacer esto cuando era pequeña y realmente me daba asco pensar meterme el peróxido en la boca. Sin embargo, he descubierto que realmente no tiene ningún sabor y el bicarbonato de sodio sabe a sal. Usar esta combinación no sólo ayuda a que tus dientes se vuelvan más blancos con el tiempo, sino que también mantienen tu aliento fresco. El peróxido de hidrógeno limpia las bacterias de la boca y no tiene el sabor desagradable y fuerte que tienen los enjuagues bucales. Asegúrate de enjuagarte con agua después. No uso pasta de dientes (ni enjuague bucal) desde hace años, esta combinación es más barata.

Es importante mantener la saliva en la boca, ya que la boca seca también causa mal aliento. Una forma de hacerlo es con caramelos de limón sin azúcar. El aceite de menta también es una buena forma de combatir el mal aliento y los problemas estomacales, que también pueden causar halitosis. Después de comer algo fuerte (como ajo o cebolla), siempre es bueno tomar aceite de menta, masticar un poco de perejil o clavo fresco y beber mucha agua. El tabaco causa mal aliento, así que si fumas, intenta dejarlo.

MOLESTIAS DIGESTIVAS Jasmine Aten

A lo largo de los años, he probado muchos remedios diferentes para el malestar digestivo y he descubierto que los siguientes son los remedios naturales más efectivos, económicos y beneficiosos que utilizan ingredientes que probablemente ya tengas a mano. Si no, puedes encontrarlos por sólo un par de dólares en tu supermercado local. El zumo puro de aloe vera recubre el revestimiento del estómago y los intestinos para calmar la acumulación de ácido.

(Nota: No tomes digoxina con zumo de aloe vera y consulta con tu médico antes de tomar zumo de aloe vera, ya que existen numerosas contraindicaciones entre el aloe vera y diversas afecciones y medicamentos).

La piña fresca tiene enzimas que ayudan a descomponer los alimentos para una mejor digestión. El café ayuda a que la comida se mueva más rápidamente a través del colon para su eliminación. Y la menta y el jengibre son excelentes para calmar el malestar estomacal. Prueba uno de estos remedios naturales. Te sentirás aliviado de haberlo hecho.

PICADURAS DE INSECTOS

Tamela Farrand

Mi marido Ron y yo somos canadienses y hemos practicado el ayuno puntual durante veintitrés años. Somos padres de seis hijos ya adultos. He heredado esta receta familiar para hacer un ungüento curativo para picaduras, urticarias, cortes, quemaduras y erupciones cutáneas. ¡Limpia siempre el área de piel afectada antes de aplicar! Pon $1/2$ taza (118 ml) de manteca de karité pura en un bol grande y limpio. Añade 20 gotas de aceite esencial de plátano y 10 gotas de aceite esencial de gordolobo. Mezcla bien y coloca en un frasco con un buen tapón. Si acampas y te dejas el ungüento en casa, y a alguien le ha picado un insecto o una araña, sal al campo y coge brotes de bardana. Hazlas al vapor y úsalas como cataplasma en la picadura. Si te has llevado el ungüento contigo, coge una cucharadita y añade las hojas al vapor. Mezcla bien y coloca un poco de la mezcla en el área afectada con un paño limpio envuelto sobre ella para mantenerla en su lugar. **(Nota: No uses bardana si estás tomando medicamentos anticoagulantes).** Produzco mis propios aceites, como lo hicieron mi abuela y mi madre. El gordolobo, el plátano y la bardana crecen en todas partes donde vivo, pero puedes comprarlos fácilmente por Internet. ¡Muchas bendiciones para ti!

PIEL SECA Opal Seanna Mazza

Nací y crecí en Filipinas, donde la humedad es tan alta que la piel seca no es un problema común entre nosotros. Pero al mudarme a la costa este de los Estados Unidos, pasé años aprendiendo a mantener mi piel hidratada. A través de ensayo y error, se me ocurrió uno de los remedios más simples para combatir la piel seca, que hoy comparto aquí. Mezcla todos los ingredientes en un bol y luego viértelos en un frasco de vidrio. Frota la mezcla sobre tu cuerpo mientras te duchas, alejándote del agua. Después enjuaga bien. No te frotes con la toalla al salir de la ducha: sécate dándote toques, sin restregar. Si haces esto una o dos veces por semana, tu piel se sentirá suave como la seda y no necesitará una crema hidratante después de este tratamiento.

QUEMADURAS POR VIENTO

Terry Fenech

Éste es un pequeño remedio casero de salud muy útil para las quemaduras del viento. En un bol mediano, mezcla 4 cucharaditas de gel o zumo de aloe vera, 4 cucharaditas de aceite de rosa mosqueta, 4 cucharaditas de aceite de semilla de borraja (en su lugar se puede usar aceite de girasol), 2 cucharadas de aceite de oliva, $2/3$ de taza (157 ml) de manteca de cacao y 1 y $1/2$ cucharada de cera de abejas. Añade un puñado de avena y un pellizco de manzanilla seca y de caléndula. Aplica la pasta en la quemadura para un alivio instantáneo.

QUEMADURAS SOLARES

Dana Kilgore Goudie (Mujer Rainwalker)

Una quemadura solar leve tiene un color rosa claro, no duele si no se toca y sana rápidamente. Date una ducha o baño fresco para un alivio instantáneo. El aloe vera alivia cualquier quemadura. El hamamelis líquido es un astringente que también debes tener a mano. Utilizo hamamelis con aloe añadido, con lo que se obtiene el beneficio de ambas plantas juntas. El hamamelis está disponible en la mayoría de las tiendas de comestibles y es muy económico.

Las quemaduras solares más graves son de color rojo brillante y, a veces, les salen ampollas.

Nuevamente, date una ducha o baño frío para empezar. También aplícate vinagre y avena en un algodón para ayudar a calmar el dolor. Yo incorporo una taza de vinagre de manzana con una taza de avena al agua del baño. Usa uno o ambos juntos y repite según sea necesario.

QUEMADURAS Sunbow Pendragon

Como exprofesional de restaurantes, he visto quemaduras terribles y me he tenido que tratar más de una. La peor que he me hice fue cuando trabajaba en una pizzería, a los veinte años: mi brazo se quedó pegado al interior del horno de pizza a 500 grados! Fue un dolor instantáneo y brutal y supe que tenía que actuar rápidamente. Lo primero que hice fue ir al congelador y hacer una bolsa de hielo rápida. Eso detuvo la mayor parte de la inflamación y redujo el dolor lo bastante como para acabar mi turno. Cuando llegué a casa esa noche, me puse gel de aloe vera, que es un poderoso agente curativo que rehidrata la piel. Lo apliqué espesamente, dejándolo empapar y absorberse hasta irme a la cama, luego lo cubrí cuidadosamente con una gasa para protegerlo mientras dormía. Cuando me levanté por la mañana, lo desenvolví y apliqué más gel de aloe, dejándolo al aire hasta que tuve que irme a trabajar. Mantuve la quemadura seca y limpia durante unos días, cambiando el vendaje según fuera necesario, hasta que el dolor finalmente desapareció y parecía que comenzaba a sanar. Comencé a alternar el aceite con vitamina E y el gel de aloe vera para evitar una cicatriz grave. Pasaron unas dos semanas antes de que la quemadura se curara por completo, y todo el tiempo seguí con el aceite con vitamina E y el gel de aloe. No hubo ninguna infección. Hoy apenas tengo cicatriz. Los tratamientos holísticos son los mejores, en mi opinión.

REFLUJO ÁCIDO Chianne Frasure

El jengibre se conoce como uno de los mejores remedios naturales para los problemas de digestión. Contiene enzimas que estimulan tu sistema digestivo, aceleran el proceso de digestión y ayudan a prevenir la acumulación de gas. También es conocido por aliviar las náuseas y los vómitos y sus propiedades antiinflamatorias reducen la inflamación y la irritación. Algunos tipos de reflujo ácido se pueden tratar bebiendo raíz de jengibre. Hierve una taza (240 ml) de agua en una olla pequeña. Coge una rodaja de 25 mm de raíz de jengibre pelada y pícala finamente. Añade el jengibre picado al agua hirviendo. Cuece cinco minutos, luego retira del fuego y deja reposar durante veinte minutos. Cuela el jengibre y añade ½ cucharadita de miel y zumo de limón al gusto. Bebe dos veces al día antes de cada comida mientras duren los síntomas.

RESFRIADOS Mistress Belladonna

A este remedio lo llamo «Socorro Miel» y sirve para los resfriados y la depresión. Primero distribuye tres partes iguales de saúco seco, flores de jazmín secas y menta seca o naranja a la menta. Esteriliza un tarro de cristal y su tapa en agua hirviendo y, una vez seco, añade partes iguales de las hierbas en el tarro hasta que esté lleno a tres cuartos. Agita bien el frasco. Puedes usar este paso para hacer un encantamiento sobre las hierbas con intención de curación. Vierte miel, asegurándote de que las hierbas estén completamente cubiertas y el frasco esté lleno. Una vez que el contenido se asiente, echa un poco más de miel. No se necesita calor para este remedio, pero puedes calentar el frasco al baño maría si quieres. Nunca hiervas la miel, ya que disminuye su sabor y destruye sus aspectos nutritivos. Deja que la jarra repose durante al menos una semana o dos en un lugar oscuro y fresco. El jarabe se puede tomar tal cual con una cuchara o se puede disolver en una taza de agua caliente o en una infusión.

TOS Andrea Trendel

Para este jarabe para la tos a base de hierbas, es mejor usar hierbas frescas que tú mismo machaques y encantes con intención curativa, pero puedes usar hierbas secas y ya molidas si las frescas no están disponibles. Este jarabe es ideal para aliviar la tos, combatir la congestión y abrir los senos paranasales.

Ingredientes
1 pizca de clavo
1 pizca de romero
1 pizca de canela
1 pizca de jengibre
1 cucharada de miel
1 cucharada de zumo de limón, lima o piña
1 cucharada de zumo de saúco

En un bol pequeño, mezcla las hierbas con la miel y los zumos.

Nota: También puedes usar una cucharadita de canela mezclada directamente con una cucharadita de miel para hacer un jarabe instantáneo. Esto protege la garganta y ayuda a toser. Ambas mezclas actúan mejor si se calientan un poco para añadir calor a las mucosas.

Tómalo cada dos o cuatro horas según sea necesario.

UÑAS QUEBRADIZAS

Dr. Kimberly S. McAfee

¡He luchado personalmente con las uñas quebradizas y estoy feliz de compartir algunos consejos que he descubierto para ayudarte a solucionarlos! Las uñas quebradizas pueden estar causadas por sequedad, por lo que los aceites y mantecas hidratantes pueden ser beneficiosos. Prueba aceites naturales como el coco o la vitamina E, o incluso el cacao o la manteca de karité pura, sin refinar: éste último es mi favorito para masajear el área de las uñas. Otra forma de fortalecer tus uñas es tomando suplementos herbales. Una gran hierba para probar es la cola de caballo. La cola de caballo tiene muchos usos medicinales, y el fortalecimiento de las uñas quebradizas es uno de ellos. Se puede comprar en varias formas y es económica. **(Nota: No la tomes con litio)**. Un multivitamínico acompañado de un suplemento de omega-3 también ayudará a darle a tus uñas más fuerza. Al igual que con cualquier tratamiento o suplemento a base de hierbas, asegúrate de consultar su uso con el médico para determinar si podría haber efectos secundarios adversos en caso de que te estés medicando para otra cosa.

Agradecimientos

Se necesita un ejército entero para publicar un libro. En Sterling, damos las gracias a nuestra brillante editora Barbara Berger, quien nos ha dado poder y nos ha inspirado a alcanzar las estrellas escribiendo nuestro libro; a la diseñadora senior Sharon Jacobs, por el impresionante diseño; a Elizabeth Lindy, por la preciosa portada; y a las editoras de producción Hanna Reich y Kayla Overbey. También agradecemos a Ashley Prine, diseñadora, y a Katherine Furman, correctora en Tandem Books, Inc.

Un agradecimiento especial para Bill Gladstone, nuestro agente, que creyó en nosotras desde el principio.

Por supuesto, hay muchas otras personas a las que nos gustaría agradecer por su ayuda para hacer realidad este libro. Entre estas personas están Leanna Greenaway, Dru Ann Welch, la reverenda Terrie Brookings y Linda Bedell, quienes nos ayudaron con los primeros borradores. También nos gustaría agradecer a todos nuestros colaboradores, los cuales verdaderamente han hecho de este libro un cruce de culturas que nos conecta en todo el mundo.

También queremos agradecer a los fundadores, administradores y miembros de los diversos grupos de Facebook de los que hemos aprendido mucho. Nos han alentado a acercarnos a nosotras mismas para ayudarte a ti, lector, en tu camino. Sin todos vosotros, este libro no habría sido posible. Gracias a todos de corazón.

Yo, Shawn, también quisiera agradecer a mi querido amigo Timothy Green Beckley, investigador de ovnis y pionero paranormal, autor y coanfitrión de *Exploring the Bizarre* en la radio KCOR. Nuestra amistad abarca muchas aventuras en lo desconocido y abarcará muchas más por venir.

Yo, Charity Bedell, quiero dar las gracias a mi familia: a mi prima Donna Norte, quien me inició en mi camino como bruja y escritora, pues conocía mis dones desde temprana edad; a mi madre y a mi padre, que me enseñaron a amar la naturaleza y a encontrar salud y bienestar en el mundo que me rodea; y, finalmente, a mi querido marido Ben Weston, quien ha lidiado con las noches, los días estresantes y los altibajos emocionales durante todo este proceso.

Por último, como coautoras de *La guía de la buena bruja*, nos gustaría reconocernos y darnos las gracias la una a la otra. Hemos compartido la sabiduría y perspicacia de cada una, la visión y la claridad, así como el amor por la escritura que une a dos mujeres. Compartimos las mismas esperanzas y sueños, que consisten en esforzarse por ayudar a los demás a conseguir el bienestar de la mente, el cuerpo y el alma.

RECURSOS

SUMINISTROS Y PROVEEDORES

No todo el mundo quiere o tiene tiempo para hacer sus propios aceites, tónicos, o para cultivar sus propias hierbas, lo que es perfectamente normal. A veces es más fácil empezar con el trabajo ya hecho. De esta modo puedes encontrar lo que mejor te funciona.

En las siguientes páginas web puedes comprar todo tipo de suministros y herramientas. Algunas de estas fuentes son sobre la brujería en general, la magia y las tiendas de suministros metafísicos; otras son para hierbas de aromaterapia, aceites esenciales y mezclas de aceites.

Aceites esenciales

Hierbas y Artes
www.herbsandarts.com/oils

Penn Herb Company
www.pennherb.com

Mountain Rose Herbs
www.mountainroseherbs.com

Monterey Bay Spice Company
www.herbco.com

Eden Botanicals
www.edenbotanicals.com

Brujería general y suministros ocultos

Ecos místicos
www.mystic-echoes.com

Rarezas del arte del caldero
www.etsy.com/shop/CauldronCraftOdditys

HEX: Witchery del viejo mundo
www.hexwitch.com

13 lunas
www.13moons.com

AzureGreen
www.azuregreen.net

Suministros Hoodoo

Lucky Mojo
www.luckymojo.com

Productos originales de botánica
www.originalbotanica.com

Conjuro al estilo antiguo
www.oldstyleconjure.com

Voodoo Authentica
www.voodooshop.com/products/index.html

Aromaterapia

Sabios aromaterapia
www.etsy.com/shop/SagesAromatherapy

AromaTools
www.aromatools.com

Dreaming Earth Botanicals
www.dreamingearth.com/catalog/pc/home.asp

LECTURAS RECOMENDADAS Y MATERIALES DE REFERENCIA

Los siguientes libros se usaron como referencia al escribir este texto
y se recomiendan como lecturas para investigación e información adicional.

Herboristería mágica y trabajar con hierbas de maneras mágicas y espirituales

BEYERL, P.: *A Compendium of Herbal Magic*. Carlsbad, CA: Phoenix Publishing, Inc., 1998.

CASAS, S.: *The Conjure Workbook Volume 1, Working the Root*. Green Valley Lake, CA, Pendraig, 2013.

CUNNINGHAM, S.: *Magical Aromatherapy, The Power of Scent*. Woodbury, MN, Llewellyn, 1989.

—: *Magical Herbalism, The Secret Craft of the Wise*. Woodbury, MN, Llewellyn, 2012.

—: *Cunningham's Encyclopedia of Magical Herbs*. Woodbury, MN, Llewellyn, 1985.

—: *The Complete Book of Incense, Oils & Brews*. Woodbury, MN, Llewellyn, 2002.

DANIEL, M. F.: *Kitchen Witchery, A Compendium of Oils, Unguents, Incense, Tinctures & Comestibles*. Newburyport, MA, Weiser Books, 2002.

DUGAN, E.: *Herb Magic for Beginners*. Woodbury, MN, Llewellyn, 2006.

HOPMAN, E. E.: *A Druid's Herbal of Sacred Tree Medicine*. Rochester, VT, Destiny Books, 2008.

HUSON, P.: *Mastering Herbalism, A Practical Guide*. Lanham, MD, Madison Books, 2001.

KALDERA, R.: *The Northern Shamanic Herbal*. Hubbardston, MA, Asphodel Press, 2011.

McQUILLAR, T. L.: *Rootwork, Using the Folk Magick of Black America for Love, Money, and Success*. New York, Touchstone, 2003.

PAPA JIM: *Papa Jim's Herbal Magic Workbook*. Papa Jim, 2001.

PENCZAK, C., ED.: *The Green Lovers, A Compilation of Plant Spirit Magic*. Salem, NH, Copper Cauldron, 2012.

YRONWODE, C.: *Hoodoo Herb and Root Magic, A Materia Magica of African-American Conjure*. Forestville, CA, Lucky Mojo Curio Company, 2002.

Herboristería para la magia y la salud

BEYERL, P.: *The Master Book of Herbalism*. Blaine, WA, Phoenix Publishing Inc., 1984.

GARRETT, J. T.: *The Cherokee Herbal, Native Plant Medicine from the Four Directions*. Rochester, VT, Bear & Company, 2003.

HESS, R. «DOCTOR HAWK»: *Backwoods Shamanism, An Introduction to the Old-Time American Folk Magic of Hoodoo Conjure and Rootwork*. CreateSpace, 2014.

MÜLLER-EBELING, C.; RÄTSCH, C.; STORL, W. PhD.: *Witchcraft Medicine, Healing Arts, Shamanic Practices, and Forbidden Plants*. Rochester, VT, Inner Traditions, 2003.

O'RUSH, C.: *The Enchanted Garden, Discovering and Enhancing the Magical Healing Properties in Your Garden*. Londres, Blandford Press, 1771.

WELCH, D.A.: *Mama D's Practical Herbal Guide Book, How to Use Herbs in Magick and Healing*. CreateSpace, 2015.

Propiedades medicinales de las plantas

GRIEVE, M.: *A Modern Herbal, In Two Volumes*. New York, Dover Publications, 1971.

THOMSON HEALTHCARE: *PDR for Herbal Medicines, 4th Edition*. Montvale, NJ, Thomson Healthcare Inc., 2007.

Remedios caseros a base de hierbas

BREEDLOVE, G.: *The Herbal Home Spa, Naturally Refreshing Wraps, Rubs, Lotions, Masks, Oils, and Scrubs*. North Adams, MA, Storey, 1998.

GLADSTAR, R.: *Rosemary Gladstar's Medicinal Herbs, A Beginner's Guide, 33 Healing Herbs to Know, Grow, and Use*. North Adams, MA, Storey, 2012.

—: *Rosemary Gladstar's Herbal Recipes for Vibrant Health, 175 Teas, Tonics, Oils, Salves, Tinctures, and other Natural Remedies for the Entire*. North Adams, MA, Storey Publishing, 2008.

GREEN, J.: *The Herbal Medicine-Maker's Handbook, A Home Manual*. Berkeley, CA, Crossing Press, 2000.

MORRISON, S. L.: *The Modern Witch's Book of Home Remedies*. New York, Citadel, 1991.

ODY, P.: *The Holistic Herbal Directory, A Directory of Herbal Remedies for Everyday Health Problems*. United Kingdom, Ivy Press, 2001.

TODD, J. C.: *Jude's Herbal Home Remedies, Natural Health, Beauty & Home-Care Secrets*. Woodbury, MN, Llewellyn, 2002.

Aceites esenciales

HARDING, J.: *The Essential Oils Handbook, All the Oils You Will Ever Need for Health, Vitality, and Well-Being*. United Kingdom, Duncan Baird, 2008.

SCHILLER, C.; DAVID S.: *500 Formulas for Aromatherapy, Mixing Essential Oils for Every Use*. New York, Sterling, 1994.

WORWOOD, V. A.: *The Complete Book of Essential Oils and Aromatherapy*. Novato, CA, New World Library, 2016.

La magia de los cristales

CUNNINGHAM, S.: *Cunningham's Encyclopedia of Crystal, Gem, and Metal Magic*. Woodbury, MN, Llewellyn Publications, 1998.

GRANT, E.: *The Book of Crystal Spells, Magical Uses for Stones, Crystals, Minerals… and Even Sand*. Woodbury, MN, Llewellyn, 2013.

LECOUTEUX, C.: *A Lapidary of Sacred Stones, Their Magical and Medicinal Powers Based on the Earliest Sources*. Rochester, VT, Inner Traditions, 2012.

Cristales para la salud y el bienestar

GIENGER, M.; JOACHIM G.: *Gem Water, How to Prepare and Use More Than 130 Crystal Waters for Therapeutic Treatments*. Forres, Scotland, Findhorn Press, 2008.

HALL, J.: *Crystal Prescriptions, The A–Z Guide to Over 1,200 Symptoms and Their Healing Crystals*. Ropley, UK, O Books, 2006.

HARDING, J.: *Crystals*. Cincinnati, F&W, 2016.

COLABORADORES

Ariel ha practicado medicina naturópata y curación homeopática desde que era niña, cuando lo aprendió de su abuela.

Jasmine Aten es la fundadora del grupo de Facebook «Let's Talk Magick» y propietaria de www.oneritualaway.com

Nanette Baker dirige el grupo de Facebook «Tiendas favoritas online para artículos de brujería».

Melodie Starr Ball es creadora del grupo «Devoted to the Craft» en Facebook.

Amber Barnes es propietaria de Earth N'Things en Etsy. También es la creadora de «PaganPedia», un pequeño grupo divertido en Facebook donde las personas paganas pueden aprender y crecer juntas en su viaje espiritual.

Angela Bass es fundadora del grupo de Facebook «Pagan Humor».

Jane JJ Baxter es una bruja ecléctica solitaria y medium psíquica. Vive en el Algarve, Portugal, con su marido y su hijo. Su grupo de Facebook es «Hay una brujita en todos nosotros».

Yvonne Beaver

Mark Bowler es un paisajista y horticultor. Es fundador de los grupos de Facebook «Pagan/Alternative Market UK» y «Handcrafted Wands». Pertenece a varios grupos, incluidos «Brujas en la cabaña» y «El caldero», un lugar de mezcla para brujas, druidas y paganos. Sigue el camino chamánico.

Deb Bresser es el dueño de *A Witches Past* en Etsy.

Ginger Burkey

Liz Carney es administradora de los sitios «Witches Coven» y «Witches Gathering» en Facebook.

Derrie P. Carpenter es la creadora del grupo «Pagan and Proud» en Facebook.

Kimberlie Miller Clark es una sanadora de tercera generación.

Kenya Coviak, también conocida como la Mistress Belladonna, ha sido maestra y escritora en Michigan durante varios años. Es la fundadora de Black Moon Tradition / Grove y el «Detroit Paganism Examiner» en Facebook, colaboradora independiente en varias publicaciones y miembro de la junta de Pagan Pride Detroit y la Sociedad Universal del Ministerio Antiguo. Kenya es también editora jefa de PBN News Network. Es seguidora de The Sacred Fool.

Cheryl Croce Culver es la fundadora de «The Crafty Kitchen WITCH» en Facebook.

Rev. H.P. Anuj Elvis es un practicante ecléctico del oficio y el fundador de la organización sin ánimo de lucro *Earth Temple*, India, dirigida por los miembros del Aquelarre de Hecate's Kin (C.O.H.K) y administrada por Mannsha Solutions, India, a la que se puede llegar en ovenofhecateskin@gmail.com También es el fundador del grupo de Facebook «Brujería y Magia».

Tamela Farrand es Suma Sacerdotisa Hereditaria del Círculo Sagrado de la Sabiduría Antigua Hearthstone Covenstead.

Terry Fenech es el dueño de craftingmagic.co.uk.

Chianne Frasure es cofundadora de «Pink Moon Pagan Place» en Facebook junto con Stacy Griffing.

Dana Kilgore Goudie (Rainwalker Woman) es la creadora de una página de Facebook llamada «Camino mágico de Rainwalker».

Leanna Greenaway es columnista de la revista *Fate & Fortune*, Reino Unido; autor de *Simply Wicca* y *Simply*

Tarot, y coautora de *Wiccapedia: A Modern-Day White Witch's Guide*.

Angel Greer es el creador de dos grupos en Facebook: «Pagans of the Path» y «Bits and Pieces of Pagan Pride».

Lori Hayes, alias Darklady, es una bruja solitaria, psíquica, médium y empática. Es la creadora de numerosas páginas de Facebook, incluyendo «Darkladys Horror Halloween».

Gillian Hughes es propietaria de «Cornish Crystal Cavern» en Facebook y en www.cornishcrystalcavern.co.uk

Charissa Iskiwitch (Lady Charissa) ha estado trabajando como sanadora durante más de veinticinco años, utilizando una variedad de métodos de curación, que incluyen energía, hierbas y curación con cristales. Es *coach* de vida, maestra de Reiki y practicante de remedios caseros del sur de los Apalaches, y es la creadora de la línea de remedios naturales Caldero de Charissa charissascauldron.com. También es la fundadora de Pagan Business Network, paganbusinessnetwork.com

Rob Jones es cofundador del grupo de Facebook «Practitioners of the Craft» con John «Tip» Massaro.

Karen Kasinskas dirige el grupo de Facebook «Wicca Talk» y es la directora de un aquelarre. Su objetivo es llegar al mayor número de personas posible y difundir la alegría y el amor de ser wiccanos y paganos.

Kelly Louise Kreqeli es la fundadora del grupo de Facebook «Wiccapedia».

Connie Lavoie se considera una creadora del «Grupo wiccano /Pagano para principiantes» en Facebook y una bruja tradicional no británica. Nació y creció en Connecticut, reside en el sureste de Tennessee y ha estado practicando durante unos quince años.

Bronwyn Le Fae, de www.charmedbystarr.com, es tesorera del Templo de la Familia wiccana.

Opal Seanna Mazza es maestra sanadora/maestra de Reiki Usai y Kundalini, terapeuta de Integrated Energy®, sanadora de chakras, sanadora con cristales y adivinadora maestra. Tiene una pequeña tienda online en Etsy, *House of Unicorn Opal*, donde la mayoría de los artículos que vende son sus manualidades.

Dr. Kimberly S. McAfee fundó el blog christopagankim.wordpress.com

Rachel McGirr es la creadora de «The Witches Lair» en Facebook.

Jamie Mendez es la fundadora de los talleres *Magickal Me* y *Awakening the Divine Feminine*.

Donna Morgan es la fundadora de varios grupos de Facebook, incluida «Legion of Pagans of the Old Ways».

Lori Morgan es propietaria de «The Witch's Nook» en Facebook y Twitter.

Ceane O'Hanlon-Lincoln es autora de la serie *Sleuth Sisters Mysteries*. Tiene una página personal y una página de *Sleuth Sisters Mysteries* en Facebook.

Carmel Norton es propietaria de Crystal Hart & Soul en Facebook y Etsy.

Stevie Papoi es propietaria de *Candles by Stevie* en Facebook. Como wiccana, le gusta poner en práctica sus habilidades como fabricante de velas y maestra, ayudando a las personas a aprender sobre el camino de la Nueva Era. Conectarse con su comunidad es muy importante para ella.

Sunbow Pendragon es el autor de *The Black Knight of Avalon Chronicles* y es el propietario y operador de *Amethyst Free Press* en Facebook.

Athena Perrakis es propietaria de la tienda metafísica y showroom www.sagegoddess.com

Laura Perry es una naturópata retirada. Aunque actualmente se está centrando en escribir libros y al arte del tarot, la herboristería sigue siendo una parte muy importante de su espiritualidad y su vida. Puedes encontrar sus libros y su baraja de tarot en www.LauraPerryAuthor.com

Bryant Pinnix es administradora del grupo «El círculo ecléctico de los paganos» en Facebook.

Cary Pizarro es dueña de Le Krem, una tienda de productos naturales para el cuidado de la piel en Facebook.

Sadie es copropietaria de la tienda metafísica Sleeping Gryphon (sleepinggryphon.net/), una madre y una mujer sabia. Ha estado estudiando brujería durante los últimos veintitrés años y herboristería los últimos diez. Estudia la unidad e intenta centrarse en unirse al todo mientras conserva la individualidad.

Sheila Sager

Sherry, también conocida como Phoenix Rayn Song, administra «Witches Forum» en Facebook.

Starstone Silvermoon, un brujo masculino, sanador de energía y padre de cinco niños, es originario de Colorado y está casado con una llama poética.

Katie Snow es la creadora y fundadora del grupo «The Spellery» y «Spellery Magazine» en Facebook.

Alyson Stewart es la creadora del grupo «Magickal Inquiry» y de la página «Regal Mystic» en Facebook.

Sherry Tapke

AnamNa Tine es la fundadora de tres grupos en Facebook: «Brujas nativas americanas», «Anam Na Tine» y «Brujería mágica». «Anam Na Tine» significa «alma de fuego». Ha estado practicando brujería durante más de veinte años, trabajando en muchas áreas pero principalmente en hemomancia (magia de sangre), druidismo y magia de amor.

Andrea Trendel es propietaria de Soul Coven, Triple Moon Goddess Coven y más. Es una bruja de decimotercera generación y alta sacerdotisa. Le encanta enseñar a quienes tienen interés en aprender.

Robert Vilches, también conocido como Reverend Raven Nightclaw, H.P., es un «lector de tarot no convencional» y maestro de Reiki.

Yancy Walker es la creadora de «Wicca Craft of the Wise» en Facebook.

Dru Ann Welch es maestra y autora de la *Guía práctica de hierbas de Mama D*. Encontró su camino en la wicca y la brujería en 2002.

Angela Scheppler Whiteman

Lashette Williams es propietaria de Scarlet Moon Creations, una tienda de productos naturales para el baño y el cuerpo en Etsy. Es una neófita en las canciones del aquelarre Woode del tradicionalista celta Gwyddonaid y está en la senda pagana desde 2003.

Heidi Wolfson

Tracie (Sage) Wood es una aromaterapeuta y curandera natural instintiva, y utiliza aceites esenciales como medio. Es propietaria de la tienda Sage's Aromatherapy & Oils en Facebook y Etsy, que ayuda a personas con enfermedades como fibromialgia, artritis, migrañas, depresión, bronquios y problemas de sueño.

ÍNDICE ANALÍTICO

CRÉDITOS DE ILUSTRACIONES

Clipart.com

35, 36, 64 arriba, 68, 70, 73, 103, 207, 217

ClipArt ETC/FCIT

41, 110 arriba, 124, 224, 234, 237, 246, 254, 264, 280

Courtesy Dover Publications

151

Courtesy Wikimedia Foundation

40, 160, 164, 177, 199, 236, 288

iStockphoto

© Andipantz: 215; © Angorius: 108; © Awispa: 51, 52 arriba, 63 centro, 218 arriba, 256, 270; © Tony Baggett: 179; © Natalia Barashkova: 128; © CSA Images: 82, 85, 144; © Denisk0: 152; © Dimonspace: 263, 285 arriba izquierda; © Epine Art: 33, 53, 75, 248, 274; © Fearsonline: 173; © Geraria: 43, 50, 52 abajo, 56, 59, 61 abajo, 63 abajo, 64 abajo, 110 abajo, 111, 132, 213, 218 abajo, 219 arriba, 225, 227 izquierda, 228, 232, 260, 279, 281, 285 abajo; © Goldhafen: 241; © Chris Gorgio: 133; © Ilbusca: 47, 52 centro, 158, 249, 271; © Intueri: 89, 94 arriba, 223, 234, 218, 252; © Itskatjas: 81; © Ivan-96: 222; © Jonny Jim: 162; © Jpa1999: 146; © Kate_sun: 268; © Kentarcajuan: 206; © Macrovector: 96; © Alina Maksimova: 220, 231; © Man Halftube: 21, 67 arriba, 238; © Margolana: 291; © Constance McGuire: 258; © Nastasic: 267; © Natouche: 76; © Nicoolay: 112, 198, 221, 284; © PaCondryx: 165; © Paprika: 140, 141; © Paulart: 192; © George Peters: 214 arriba, 282; © Polygraphus: 139, 320; © Pleshko74: 55, 285 arriba derecha; © The Dafkish: 134; © Thepalmer: 155, 211; © arribaVectors 210, 214 abajo, 227 derecha, 230 abajo, 240; © Traveler1116: 175; © Ukususha: 45; © Umi Ko: 71; © Duncan Walker: 58, 181

Depositphotos

© Zenina Asya: 137; © Julia Faranchuk: 44; © Geraria: 28; © Katja87: 171; © Lisima: 163, 194; © Nafanya1710: 39

Library of Congress

18, 136

National Gallery of Art

278

Rijksmuseum

169

Shutterstock

© Agsandrew: 69; © Anton: 97, 98, 101, 184; © Art N> Lera: 54, 219 abajo, 265; © Marijus Auruskevicius: 212; © Geraria: 63 arriba, 204-205; © Jan-ilu: 24, 104, 138, 200; © Kuzmicheva: 117; © Lynea: 88; © Aleks Melnik: 208; © Morphart Creation: 80, 100; © Nafanya241: 266; © Hein Nouwens: 114, 116, 126, 244; © Liliya Shlapak: 31, 61 arriba, 226, 230 arriba; © Transia Design: 186; © Tukkki: 66

Wellcome Library, London

6, 14, 23, 29, 67 abajo, 94 abajo, 95, 129, 130

Yale University

17